宋元谱录丛编
顾宏义 主编

外四种
百宝总珍集

［宋］佚名 等 著
李音翰 朱学博 整理校点

上海书店出版社

目　录

1	总　序	顾宏义
1	前　言	
1	传国玺谱	（宋）郑文宝
4	吴氏印谱	（元）吴　睿
31	百宝总珍集	（宋）佚　名
66	器物谱	（元）费　著
75	蜀锦谱	（元）费　著

总　序

何谓谱录？谱录就是依照事物类别或系统编撰成的书籍。①《释名》释"谱"云："布也，布列其事也。"又云："谱，绪也，主叙人世类相继，如统绪也。"《说文》云"谱，籍录也"。而录即指按门别类、依一定次序记载相关人之言行或事物的书籍。因此，中国古代最先出现的谱录，乃与家族世系的记载密切相关，如司马迁《史记·三代世表》称"自殷以前，诸侯不可得而谱"，又《汉书·艺文志》著录的西汉秘府藏书，有《帝王诸侯世谱》、《古来帝王年谱》等。因为此类谱录著作的编纂特点，故后人也开始利用谱录来记载不同类别的事物，如东汉著名经学家郑玄即通过排比《诗经》十五国风、大小雅、三颂的资料而撰成《诗谱》，用以显示其与时代政治、地域风土间的关系。于是后来就出现了单为记载经典所载物品的谱录，如三国吴陆玑撰有《毛诗草木鸟兽虫鱼疏》二卷，进而有晋代戴凯之的《竹谱》，南朝梁陶弘景的《古今刀剑录》、陈虞荔的《鼎录》等。在中国浩如烟海的古代文献中，至此形成了一类以记物为主的书籍，专门记载某物或某一类物品的产地、形态、类别、特性、逸闻趣事及与之相关的诗文等，间附精美插图。至唐代

---

① 朱积孝：《谱录述略》，载《图书馆》1995年第6期。

陆羽撰成《茶经》三卷，"其书分十类，曰一之源、二之具、三之造、四之器、五之煮、六之饮、七之事、八之出、九之略、十之图。其曰具者，皆采制之用；其曰器者，皆煎饮之用。故二者异部。其曰图者，乃谓统上九类，写以绢素张之，非别有图。其类十，其文实九也。言茶者莫精于羽，其文亦朴雅有古意。七之事所引多古书，如司马相如《凡将篇》一条三十八字，为他书所无，亦旁资考辨之一端矣"。① 由此，此类饶有趣味的图书——谱录的体裁趋于成熟定型，而影响后世甚巨。

中国古代谱录发展至宋代，各种不同类型的谱录著述纷至沓来，卷帙繁复，蔚为大观：与农事有关的如曾安止的《禾谱》、僧赞宁的《笋谱》、范成大的《桂海果志》等，与日常饮食有关的如苏轼的《东坡酒经》、窦苹的《酒谱》、王灼的《糖霜谱》等与蔡襄的《茶录》、熊蕃的《宣和北苑贡茶录》等，另有草木花卉谱如赵时庚的《金漳兰谱》、范成大的《范村菊谱》、胡元质的《牡丹谱》、陈思的《海棠谱》等，有鱼虫禽兽谱如傅肱的《蟹谱》、贾似道的《秋虫谱》、范成大的《桂海禽志》等，有文房四宝谱如苏易简的《文房四谱》、欧阳修的《砚谱》、李孝美的《墨谱法式》等，有玉石古玩谱如杜绾的《云林石谱》等，有泉币鼎彝谱如董逌的《钱谱》、洪遵的《泉志》、吕大临的《考古图》、王黼的《宣和博古图》等等。这一文化盛观的出现，与宋代文化尤其是与市民休闲娱乐文化的高度繁荣密切

---

① 永瑢等：《四库全书总目》卷一一五《茶经》，中华书局影印本。

相关。

我国近现代国学大师王国维先生在《宋代之金石学》一文中指出："天水一朝人智之活动，与文化之多方面，前之汉、唐，后之元、明，皆所不逮也。"其原因在唐、宋之际，随着阶级结构与生产关系发生的一系列深刻变化，社会经济水平有了很大的提高，世人对日常娱乐休闲生活的需求达到了空前的程度，促进了城市娱乐休闲文化的多元化、平民化，使得娱乐休闲文化自贵族阶层整体下移至平民社会，从而构成了宋代文化大异于前代汉、唐文化的一大显著特征。在这一社会文化背景下，宋人撰写了多种专门记录与城市休闲娱乐生活紧密相关的谱录类书籍。与前代谱录多与生产种植内容有关者不同，北宋时人撰写了数量颇众的园林花卉、文人清赏类谱录，前者如欧阳修《洛阳牡丹记》、沈立《海棠记》等，而杜绾《云林石谱》、苏易简《文房四谱》等显然属于后者。发展至南宋，更出现了与市井娱乐文化密切相关的谱录，其中著名者似当属题名贾似道所撰的《秋虫谱》（也称《促织经》）了。

宋代斗蟋蟀之风甚盛行，据《西湖老人繁胜录》载，南宋杭州人极喜养斗蟋蟀，所谓"促织盛出，都民好养"，街坊中辟有专门的蟋蟀市场，供爱好者选购："每日早晨，多于官巷南北作市，常有三五十人火斗者。"而且由于玩者众多，所以城外农村里有专门捕捉、贩卖蟋蟀为生者，而城里也出现了专以驯养蟋蟀为职业的"闲汉"。贾似道为南宋末宰相，但也是一个著名的蟋蟀迷。据《宋史》载，当时蒙古铁骑大举围攻长江中游重镇襄阳城，军情危急，但贾似道"日坐葛岭，起楼台亭榭"，与"博徒日至纵博"，甚至"与群妾踞地斗蟋蟀"，由此被后人戏称之为"蟋蟀宰相"。但他所撰的《秋虫谱》，分赋、形、色、养、斗、病等，对蟋蟀进行了详尽论述，可算是世界历史上第一部研究蟋蟀的专著，影响后世颇大。

撰成于南宋中晚期的《百宝总珍集》，也可算是一本奇书。《百宝总珍集》，据清代四库馆臣推测，大概为南宋都城临安城中从事古玩珍宝生意的商贾所编集，但其撰者已不可考。书中所载所记百数种珍宝玩器，每每详列其市场价格、真伪优劣、辨识手段等，并于每种器物前具载七言绝句一首，而行文多用市井口语、鉴宝行话，如卷一"青玉"条诗曰："青玉从来分数等，滋媚润者彼人观。做造不论大与小，碾造仁相做钱看。"文云："凡看玉亦有数等，上至不断青，下至碧绿色者，若颜色唧伶、样制、碾造、花样仁相，盏椀或腰条皮、束带、绦环零碎事件之属多着主。如绿色或夹石样范，花样不好，皆是猫货。已上数等皆是卖外路官员，此间少着主。"可见具有很高的古玩鉴定价值，也可由此一窥当时与古玩相关的各色人等以及市井口语、风俗等等。

承宋代余绪，元人所撰谱录虽然数量较少，但与宋代相比，其内容多关于器物及食谱，由此构成了元代谱录著述的一个特色。

随着谱录著述之种类、数量都较前激增，于是在宋代书目中开始设置谱录专类以收录此类文献。

宋代以前，谱录文献被附入别类之中，如《隋书·经籍志》将《竹谱》、《钱图》等归入"史部·谱系"类中，《旧唐书·经籍志》、《新唐书·艺文志》却将《钱谱》、《相鹤经》、《鹰经》、《相马经》、《相贝经》等归入"子部·农家"类。直至南宋中期以前，仍无专类可归，如北宋《崇文总目》将《竹谱》、《笋谱》、《茶谱》、《花木录》、《钱谱》等归入"子部·小说"类，《相鹤经》、《鹰经》等归入"子部·艺术"类；而郑樵《通志·艺文略》将谱录收入"食货"类，其"食货"类下分六小类，其中《钱谱》、《鼎录》、《刀剑录》、《锦谱》等归于"货宝"小类，《墨谱》、《砚录》、《文房四谱》与《香谱》等归于"器用"小类，《相鹤经》、《相马经》、《鹰经》、《禽经》等归于"豢养"小类，《竹谱》、《笋谱》、《荔枝谱》、《花谱》、《木谱》等归于"种艺"小类，而《茶谱》、《酒录》等则分别归于"茶"、"酒"两小类。南宋著名目录学家尤袤有鉴于此，遂在其所编撰的《遂初堂书目》"子部"之下专门设立了用来收录上述相关书籍的"谱录类"。

对于尤袤在四部分类中设置"谱录类"的原因，清代馆臣如此分析道："古人学问各守专门，其著述具有源流，易于配隶。六朝以后，作者渐出新裁，体例多由创造，古来旧目遂不能该，附赘悬疣，往往牵强。《隋志》'谱系'本陈族姓，而末载《竹谱》、《钱谱》、《钱图》，《唐志》'农家'本言种植，而杂列《钱谱》、《相鹤经》、《相马经》、《鸷击录》、《相贝经》，《文献通考》亦以《香谱》入'农家'，是皆明知其不安，而限于无类可归，又复穷而不变，故支离颠舛，遂至于斯。惟尤袤《遂初堂书目》创立'谱录'一门，于是别类殊名，咸归统摄。此亦变而能通矣。"所以在其编撰《四库全书总目》时，即沿用《遂初堂书目》"其例，以收诸杂书之无可系属者"。① 但因属初创，故而《遂初堂书目》"谱录类"所收录的尚还混录有《侍儿小名录》、《警年录》之类当归入"传记类"的书籍，而至清代《四库全书总目》"子部·谱录类"则专门收载记物之谱录，并据图书的内容，还于其下分为"器物之属"、"食谱之属"与"草木鸟兽虫鱼之属"三小类。由此，谱录当以记物为主的定义方才正式定型。

因岁月久远，宋元时期的卷帙繁盛的谱录著述多有佚失，其具体数量今日已难以考述。今日可考录的宋元谱录，大致在120种上下，其中宋代谱录约100种。这流传于世的百余种宋元谱录，大体分为三类：一是其书完整保存至今的，如宋吕大临《考古图》、洪遵《泉志》、熊蕃《宣和北苑贡茶录》、元李衎《竹谱》等。二是其书通过《说郛》等丛书摘要载录才得以传诸后世的，如宋常懋《宣和石谱》、田锡《曲本草》、元宋伯仁《酒小史》等，已非完篇。三是从一书中抄录一篇别出而为单行本者，如宋初陶穀《清异录》本属杂采隋唐至五代典故的笔记著作，其中"茗荈门"被后人抄出单独成书，题名《荈茗录》，成为一本屡为后世引用的茶书。南宋著名文学家范成大撰有

---

① 《四库全书总目》卷一一五《子部·谱录类序》。

《桂海虞衡志》，有志山、志金石、志香、志酒、志器、志禽、志兽、志虫鱼、志花、志果、志草木、杂志诸篇，被后人分别抄出单行题《桂海酒志》、《桂海果志》、《桂海花志》、《桂海草木志》、《桂海虫鱼志》、《桂海禽志》、《桂海兽志》、《桂海香志》、《桂海器志》等；而元代费著的《笺纸谱》、《器物谱》、《蜀锦谱》、《钱币谱》、《楮币谱》等，也本为其所著的方志《成都志》中诸篇，但为时人所珍视，而抄录别行者。对此，本丛编皆视为单独著述，分别编录于各类之中。

从现存的宋元谱录情况看，其著者遍及社会各层面，其中姓名可考的，有贵为天子者（宋徽宗《大观茶论》），有官拜宰执大臣的（如苏易简、丁谓、欧阳修、周必大、贾似道等），有著名文人、书画家（如宋苏轼、米芾、洪迈、范成大、陆游，元倪瓒、杨维桢等），有隐士逸人（如林洪等），有僧侣（如释仲仁、僧赞宁等），另外有署名别号的，如题名审安老人者撰有《茶具图赞》、渔阳公撰《渔阳石谱》、鹿亭翁撰《兰》等，或是因为此类谱录乃属"小道"，为免世人"玩物丧志"之讥而不愿题真实姓名者。但也有个别谱录的著者姓名原本失传不详，今所题姓名乃是后人在刻印书籍时所添加，其真伪于今日已不易探考，故本丛编一仍其旧。

本丛编所收录宋元诸谱录，大体先据其内容归入其类，同类者大体依据著者生卒年月为序编列（生卒年不详者，即以其主动活动年月为据编排）。每种谱录正文前，皆简述其撰者生平、谱录撰成年月及其主要内容、传世版本等情况；其篇末，酌收有关序跋、题记等，以助于阅读。

本丛编所收录诸谱录，其底本一般择其精善且常见者，并酌校他本一、二种，但如其文字语义可两通者，即不予校改，而有明显舛误、脱漏、衍文者，则以圆括号"（　）"标示其为误字、衍文，而以方括号"[　]"标示其为正字、补字，但不另出校勘记。

又本丛编在编纂中，参考了不少前贤时哲的研究或校点整理成果，限于体例，未能一一标示指出，故于此一并致以诚挚的谢意。

顾宏义
乙未五月于海上梦湖书屋

前 言

本辑共收录宋、元两代印玺、古玩器物等杂谱5种,其中宋代2种,元代3种。

宋元时期可谓是中华文化发展的重要时期,"雅"与"俗"两种文化审美的界限在这一时期尤为分明。士大夫在相对稳定的政治环境中,将高雅文化和艺术推向极致——在古玩器物、印章篆刻、冠服装饰等各自呈现出与前代不同的审美特点。

一

宋代尤其是南宋时期,上自帝王,下至普通士人,雅好金石古器的风气日盛,于是古玩业也随之日益兴旺。琳琅满目的珠宝玩器在市场上流通,质量也是良莠不齐,如何甄别货品的优劣,何种货品值得收购贩卖,如何要价等问题,对于买主和倒卖的商人都是一个不小的考验。

清代四库馆臣考定为南宋临安商贾所编的《百宝总珍集》,就如实地记录了宋代的百十种奇珍异宝,并将其中的金珠玉翠、古董玩器、香粉饰品分类罗列,又分别细论每样宝物的鉴别、议价、收买和倒卖之法。"所载金珠玉石以及器用等类,具详出产价值,及真伪形状。每种前载七言绝句一首,取便记诵。"(《四库全书总目提要》)

全书共有十卷，除了珍贵难得的宝物玩器之外，还在第十卷卷末专门分列条目记述了解卖和接收之法。如谈到解卖，作者道"收买及解典，顺人情不得，只可推不甚识，却不可狂收"。提示商人在收货时对于质量一般、品相难定的货物不要硬着头皮一味收揽。对于如何定价的问题，作者认为要"捉常卖心肠商量"，同时要注重当时的社会需求"及时下价，以上之物"。关于接收货物的问题，作者认为：七宝易脆之物，在收货前要"先子细看验有无破损去处……夜间或酒后，切宜子细交割，不如休接为幸"。坚壮之物如犀角、象牙、沉香之物，就不必如此。

除了专门的记述，作者在行文之中也不忘传授相物和定价的经验。如谈到一种名为"舞裀"的青红锦织物时，作者道："四方无缝者是舞裀，如颇长必是卧褥。新者多着主，旧者难卖……临时相度。"指出如何区别舞裀与卧褥，并强调商人应收购新品，观物度价。关于试金石的鉴定，作者写道："如上金满却，用盐水洗之，安于湿地上，少时取出安在袋儿盛之。如上金，气呵动，用手擦之，方始上金。"十分生动形象地将鉴定方法与过程呈现出来。而有些珍玩，作者直接根据自己的买卖经验给出收购价和卖出价。如重达六十四两的角球，如遇品相上等需一十千钱收购，遇到高官显贵级别的买主，要懂得抬价，卖十贯以上也属平常。

除了买卖技巧与鉴宝方法等实用性强的内容外，作者也记录了一些与宝贝相关的趣闻，如"乌玉"条目下所记：

> 昔日乾道年间，有一川人用竹篮乱草盛贮一乌石，向都下教化为生。后被甲库玉作刘夫人令人掷石于地擗碎，用钱些小收之，令此人归乡。川人曰："误我平生！"将谓内藏白玉，此人不识却是乌玉，将此玉琢成象棋，投进高庙。

川人一直以为自己的乌石内藏白玉，直到玉石被擗碎才如梦初醒，后又以为自己平生所藏的石头不值一文。殊不知自己的这块乌石正是稀有的乌玉，可谓目不识珠！这块乌玉虽没有和氏璧那样传奇的经历，却有着同样不为人所识的遭遇。

《百宝总珍集》的价值还在于对器物加工技法和制作工艺的留存。宋元时期，民间的金银制作业已经十分发达，无论是造型品质还是制作工艺都已超越前代，减金、减银、减铁这些一直流传至明清时期的技术被广泛运用于金银铁器的制造中。《百宝总珍集》中就记录了减铁这一技法："减铁元本北地有，头巾环子与腰条。马鞍作子并刀靶，如今不作半分毫。"这种技法多为北方产地使用，主要是以金银铁丝嵌入器物之中，以做装饰，制成的头巾环子、腰条皮带多为老旧官员喜爱。

老练世故经验之谈、五花八门的器物介绍，这些充实的内容无不透露出南宋商人的油滑与精明。而《百宝总珍集》一书的行文措词更是将临安商贾的形象勾勒得淋漓尽致。俚俗的口语随处可见：铠甲谓之"鳞子"，买家谓之"着主"，要价谓之"捉价"……如此甚多。又有鉴宝行话如："猫货"、"活相"、

"生"、"熟",等等。列于每段文字前的七言小诗,平仄不协,更像是鉴宝口诀。如"瓦砚"条"曹操禁中含元殿,立名呼作铜雀台。上头旧瓦今作砚,百个难淘一个坚"。读来颇为顺当,却也没有任何诗意可言,只是将瓦砚为何物讲述明白,便于记诵。难怪四库馆臣谓其言词"猥鄙"。

总而言之,《百宝总珍集》的行文语俚言俗,明白如话,当是现今所见最早的古玩鉴赏类书籍之一。该书详细介绍了当时可见的近百种珍宝物件,对古玩爱好者颇具参考价值。

二

《百宝总珍集》注重器物的真伪、材质的优劣,其实用价值远大于艺术价值,其行文口吻一如浸淫于古玩市场多年的油滑小贩,难免带有世俗之气。正因如此,《百宝总珍集》表现了宋元民俗文化的特点——民间珍宝收藏的"尚古"之风。与此同时,文人雅士对于这些器物的艺术价值的欣赏也渐渐呈现出"尚古"的态势。这其中最为显著的就是对印玺欣赏趣味的转变。

印章,不仅是一方艺术品,更是千百年来古老的中华大地所孕育出的特有的文化。印章起源于何时何地尚无定论,但是其诞生伊始便与权力有着不可分割的联系。传说尧与舜共坐舟中,忽然一只凤凰衔图飞来,图以赤玉为匣。长三尺八寸,厚三寸,黄玉检,白玉绳,封两端,其中有一方印,上面刻着"天赤帝符玺"。据汉代纬书《春秋运斗枢》记载:"黄帝时,黄龙负图，中有玺者，文曰'天王符玺'。"可见玺是上古帝王权利的象征。所谓"宝玺者何？天子所佩曰玺，臣下所佩曰印。无玺书则王言无以达四海，无印章则有司之文移不能行之于所属，此秦汉以来之事也"。（朱家溍《明清帝后宝》）玺，不仅使得王言成为法令，更使得皇权得以物化——以实物的形式来确保皇位的合法性。

皇帝玺印也称"宝"。武则天认为"玺"与"死"同音，于是就改称之为"宝"。唐中宗又改回旧制。之后各朝或有"玺""宝"兼用。通常，皇帝的玺宝有多种，即所谓"天子八宝"。但若提到玉玺，一般指的是传国玉玺。据传，传国玉玺是秦皇兼并天下后用和氏璧篆刻而成的（一说是用蓝田玉）。方阔四寸，上纽交五龙，龙鼻色黄，大篆文饰，正面刻有李斯所书"受命于天，既寿永昌"八字，以期帝系永祚，传位万世。秦朝虽然短命，传国玉玺作为皇权正统的象征却得以流传。只有获得传国玉玺，才能成为上应天命的合法继承者。许多人的命运便系于玉玺的争夺和保全之中，或浮或沉，或悲或喜。

据北宋郑文宝的《传国玺谱》所载。汉平帝时，王莽欲夺皇位，便向女儿王皇后索要传国玉玺，王皇后情知大势不可回，便将玉玺掷于地下，玉玺便从此缺了一角。后来东吴孙坚于破井之中发现玉玺，据为己有，不料事情泄漏，因此与袁绍、刘表结仇，最终惨死他手，玉玺传为袁术所得。就这样，传国玉玺随着江山一起不断地被争夺，沦丧，直到后唐灭亡。公元936年，石敬瑭引契丹兵攻陷洛阳，后唐皇帝李从珂怀抱传国玉玺，登玄武楼自焚。至此，传国玉玺不知所踪。也有野史传说，传国玉玺一直传到清逊帝溥仪，被其变卖给翡翠大王铁保亨，铁保亨在坐船前往南京时不慎落入水中。

传国玉玺是否真的存在，明清确有人质疑。但是宋徽宗时咸阳段义献玺，明孝宗时乡人毛志学献玺等事又言之凿凿，使得传国玉玺的存在变得扑朔迷离。尽管朝代更迭，王姓变换，小小的一方玉玺却能超越时间和空间的变换，在不同版本的文字中代代相传。本类所选的《传国玺谱》记录的便是郑文宝任职陕西时所听说的传国玉玺的源起流传。

传国玉玺的神秘色彩固然引人入胜，但若论艺术价值，官印和私印应在其上。

帝用称玺，官用称印。除了官印本身的功能之外，它与玉玺一样也被赋予了政治内涵。《汉书》中记载，朱买臣任会稽太守后，"衣故衣，怀其印绶，步归郡邸，直上计时，会稽吏方相与群饮，不视买臣。买臣入室中，守邸与共食，食且饱，少见其绶，守邸怪之，前引其绶，视其印，'会稽太守章'也"。群吏于是大惊，挤在中庭拜朱买臣。从"不视"到"争拜"，变化的节点就是那方"会稽太守章"。一方印章，不仅显示了朱买臣的身份，还使他获得了与身份相匹配的尊重和待遇。

印章对身份地位的映射，使得它成为了划分等级的又一个工具。秦汉时期，印章制度逐渐建立，对印章的名称、使用材料、形状、印钮式样等，都做了严格的等级规定，并为以后的历代王朝所沿袭。史官把印章制度写入正史的《舆服制》之中，或许就是因为其与车舆冠服等仪仗仪物相同，都具有以表尊卑等级的功用。

直到元代，早已失去功用的秦汉印章，重新被重视起来。随着其艺术价值的重新发现，人们研究印章的兴趣也日渐浓厚。元代的赵孟頫和吾丘衍分别对历代的印章进行整理摹辑，著成《印史》和《学古编》，这便是印学的肇始。

宋代书法艺术发展至登峰造极之势，书画与印章篆刻联姻，相得益彰，所以图案章大为流行。印章篆刻虽然因之而兴，却也被带入了"尚奇""尚怪"的偏境。"观近世士大夫图书印章，一是新奇相，鼎、彝、壶、爵之制，迁就对偶之文，水月、木石、花鸟之像，盖不遗余巧也，其异于流俗以求古者，百无一二焉。"（赵孟頫《松雪斋集》）在这样的背景之下，赵孟頫提出"古雅""质朴"的印学审美观，将目光投向汉魏古印。与此同时，持同样观点的吾丘衍开馆讲学，宣扬汉魏古印。并在教学的过程中，创作出集识印与习篆于一体的具有实用价值的印学教科书印学《三十五举》。

在吾丘衍的诸多弟子中，吴睿颇得师传。其篆刻章法完美成熟，与其师相当。而他编纂的集古印谱《吴孟思印谱》所收的汉晋印章，正是师徒二人印学审美的体现。这场印章界的"复古运动"一直影响到明清两朝。后代的集古印谱也多以《吴孟思印谱》为圭臬。

复古之风渐盛，使得仅方寸大小的印玺已无法满足士大夫的雅好，于是越来越多的人将热情注入到金石领域。

宋元时期是中国古代金石学蓬勃兴起的阶段，士大夫雅好金石古器的风气日盛，当时不少文人学者都对此有所涉猎。当时笔记、史籍中亦有不少钟鼎古器出土的记载。成书于元代的费著《器物谱》，便在书中介绍了宋代出土的玉璧、玉印，钟鼎铁器等唐前古物，如详细记录了宋徽宗崇宁元年五月，严真观中出土九件铜器的事件，颇有文物史料价值。同时谱中还描摹了当时的一些古文奇字，这些字形和常见的篆文、金文不同，而与薛季宣《书古文训》中引录的古文奇字十分相似。有学者认为这类奇字出于魏晋人杜撰，其后陆德明、颜师古等曾有引录。但北宋学者认为是先秦的古文，大加重视。总之，虽然本谱篇幅不大，但其文献价值却是不小。

三

宋代经济空前繁荣，高度发展的商业带动着其他行业的发展，尤其是丝织业产生了极大的变化：两个生产中心——蜀地与江浙逐渐形成，不仅产量丰盈，品质优良，更以丝织品种类、纹样丰富而胜出。单论"惟尊者得服"的锦，就有苏州宋锦、南京云锦、四川蜀锦闻名于世。苏州坐拥地利，桑蚕业渐盛。南宋时期，宋高宗为了满足当时宫廷服饰及书画装裱的旺盛需求，特于苏州专设宋锦织造署，此为宋锦的发端。以纹样精巧，设色雅丽，实用耐磨著称的宋锦渐渐发扬光大，自成一派。以南京为中心的云锦，始于南朝，发于宋元，盛于明清。不同于宋锦单个纹样重复排列，云锦图案如画，色彩艳丽，花样繁多，多用于制作明清官服、礼服。所谓"孔雀妆花云锦烂,冰蚕吐凤雾绡空",正是云锦纹样华美的写照。蜀地自古就是织锦盛地,又是锦的发源地,并以其两千多年的悠久历史获得了"母天下锦"的美誉。

关于锦的诞生,《事物纪原》有所记载:"峤山环丘有冰蚕,霜雪覆之,然后成茧,其色五采。唐尧之时,海人织锦以献,后代效之染五色丝织以为锦。"据此可知锦是一种人工仿制的五彩蚕丝制品。然而锦起源于何时尚未有定论,只知"蜀自秦昭王时通中国,而三代已有锦","历代未有锦而成都独精妙"(《丝绣笔记》),可见蜀地的制锦业先于中原产生,并一直保持着精湛先进的技术水平。

不仅蜀锦的诞生早于中原,蜀国的开辟也是与养蚕业相伴相生的。据《蜀王本纪》记载:"蜀王之先名蚕丛,后代曰柏灌,后者名鱼凫。"蚕丛又称蚕丛氏,生活在夏朝末年,是传说中古蜀国的开国之君,他带领国民发展养蚕业被后世奉为蚕神。此外蜀地还有一位人称蚕女的蚕神,《蜀中广记》中记载着她的故事:

> 蚕女者,当高辛氏之世,蜀地未立君长,各所统摄,其人聚族而居,遂相浸噬,广汉之墟,有人为邻土掠去已逾年,惟所乘之马犹在。其女思父,语焉:"若得父归,吾将嫁汝。"马遂迎父归。乃父不欲践言,马跄嘶不,父杀之。曝皮于庭中。女行过其侧,马皮

蹶然而起，卷女飞去。旬日见皮栖于桑树之上，女化为蚕，食桑叶，吐丝成茧。

蚕女以身相许，一片孝心感动马儿救得父亲回乡，无奈老父不守承诺杀了有恩于己的马儿，害得女儿被马皮裹身变成桑蚕。蚕女并未如蚕丛一般对桑蚕养殖技术做出贡献，她只是这个果报故事中桑蚕的原型，仿佛桑蚕日复一日的吐丝是在偿还当年业债。

无论是蚕丛还是蚕女，无不诉说着蜀地桑蚕织造的古老历史，绵延成都府的锦江也以千百年来的濯洗使得蜀锦艳丽夺目。整条街道，整座城池，以锦为名，因锦生辉。"晓看红湿处，花重锦官城"，细雨轻敲的锦官城花锦相映，蜀地的繁花在一匹匹蜀锦上得到生命的延续。

色彩纤秾，花样众多，正是蜀锦的与众不同之处。蜀锦最早是指蜀地出产的织锦，后来凡是使用蜀地织锦工艺所生产的锦均可称为蜀锦。蜀锦以经锦为主[①]，多为彩条起彩或彩条添花，纹样主要是几何图案与纹饰相结合。十样锦是蜀锦的主要品种，是十种织锦的统称，又称"什锦"。这十种锦包括：铁梗襄荷锦、天下乐锦、长安竹锦、宝界地锦、八答晕锦、宜男锦、雕团锦、狮团锦、象眼锦、方胜锦。"近觑四川十样锦，远观洛

---

① 经锦，又称经丝彩线显花，由经线起花，纬线只用一种颜色，经线多色。纬锦，也称纬丝彩线显花，由纬线起花，经线只用一色，纬线多色。

阳一团花"，华丽大方、鲜艳明亮是十样锦给人最直观的视觉感受。除了蜀锦的基本特点外，随着朝代的更迭，社会的发展，蜀锦的花纹样式还承载着不同时期的审美偏好。

蜀锦发展至唐宋两朝，迎来了鼎盛时期。蜀锦纹样的主流由原来的祥文瑞兽转变为连珠、卷草、团花及写生花鸟，技法上逐渐完成了由经线交替显花向纬线交替显花的转变。由于唐代丝绸之路文化和贸易的频繁交流，西域元素渐渐渗透到蜀锦的图案纹样当中，风格上受到波斯工艺的影响，纹样由繁复向简洁。与此同时，佛教文化也对当时的审美产生了不小的影响。莲花、宝相等佛教图案被运用蜀锦的制作上来，此类纹样结构充实，给人以庄重之感。在继承唐代蜀锦技法和纹样的同时，宋代的蜀锦纹样又呈现出不同的特点。同样是花鸟纹样，唐锦崇尚华丽大气，配色艳丽大胆；宋锦则温婉秀丽，用色低调雅致，纹样单体与唐代相比更显精小，构图却更加紧凑。最能突出宋代蜀锦纹样特色的应属八达晕锦。八达晕原意是指八路通达，后演变为一种纹样构图形式，即方形、圆形、几何纹规矩自然地排列组织在一起，花纹繁复多变却又规矩重叠，局部华丽却又整体简洁，正迎合了宋人含蓄隽永的审美特点。八达晕锦因其"锦中有花，花中有锦"的特点，又被时人称作"添花锦"，所谓"锦上添花"即说此锦。除了八达晕纹、灯笼纹等纹样上的创新，宋元时期蜀锦的技法也有了革新的突破——纬起花的纬锦的创立。其纹样图案有庆丰年锦、灯花锦、宜男百花、如意牡丹、盘球以及翠池狮子、云雀，瑞草云鹤、百花孔雀等。

从简单的线条、几何图案到复杂的图案组合，作为中国四大名锦之一的蜀锦，以其独特的纺织技术与花纹图案，自古便成为皇亲国戚、权贵重臣的专爱。本书收录了元人费著所撰的《蜀锦谱》。其全文不到 1 000 字，却罗列了宋代蜀锦 120 个名种以及茶马司锦院所产的 20 余个品种，并且详细记述了北宋成都锦院的建置沿革、生产规模、产量及用途，成为珍贵的蜀锦文献，对于宋代丝绸经济乃至中国古代纺织的研究有着重要的价值。

本书共收谱录五种，其中《传国玺谱》、《吴氏印谱》、《百宝总珍集》、《蜀锦谱》为李音翰校点，《器物谱》为朱学博校点。在整理谱录的过程中，古代典籍常用字与今人用字不同者，如"子细"、"价直"、"已上"、"做为"等均不做修改，以求保留原书之貌。

传国玺谱

(宋)郑文宝

郑文宝(953—1013),字仲贤,一字伯玉,汀州宁化(今属福建)人,一说福州长乐(今属福建)人。南唐节度使郑彦华之子。归宋后官陕西转运使、兵部员外郎等。善篆书,工琴艺,有诗名,著有《南唐近事》、《江表志》等。《宋史》卷二七七有传。

《传国玺谱》一卷,又称《历代帝王传国玺谱》,一名《玉玺记》,是淳化年间郑文宝任职陕西时所著,主要叙述传国玉玺的形成、样式,历代流传经过及最后去向。《玉海》、《宋史·艺文志》等均有著录,明代《晁氏宝文堂》、《澹生堂藏书目》等书目亦有记载。

此次整理据《说郛》本录文。

国玺者,本卞和所献之璞,琢而成璧。楚求婚于赵,以璧纳聘,故称赵璧。而秦昭王请以十五城易之,使蔺相如送璧于秦,秦纳璧而吝城,相如乃诡而夺。至秦皇并六国,独有天下,乃命李斯篆书诏,工人孙寿用是璧为之。一云用蓝田玉作之。其篆文云:"受命于天,既寿永昌。"

至始皇崩,二世立,天下大乱,刘、项起。二世为赵高所弑,立子婴。子婴立四十日,汉高祖先与诸侯期入关。子婴乃乘素车白马，系颈以组，奉传国玉玺降于轵道旁。高祖收玺，以子婴属吏。项羽后杀子婴，诛戮秦族尽。高祖还定关中，立汉社稷。五年，诛项羽，而有天下。至平帝时，王莽蹿政，鸩杀平帝，立孺子，自号安汉公。王莽使皇后求国玺，后知不能留，乃从绶带解下投地，故一角有缺。莽就得之，遂称新室。按：玉玺方阔四寸，龙鼻色黄，上大篆文，饰以虫鸟鱼龙之状。秦相李斯篆其字有八，云："受命于天，既寿永昌。"侧小书七字，即魏太祖命黄象篆之，文曰："魏所受汉传国玺。"初，王莽之末，天下大乱。赤眉入，长安人公孙宾杀王莽于渐台，遂得国玺，归于刘盆子。建武中，盆子降世祖，故玺入后汉。至献帝，董卓作乱，张让、段珪将帝出小平津，投玺于洛阳井中。

孙坚入洛，见井上有五色气，使人浚［井］，乃获玺。孙坚得之，寻为袁术所夺。袁术败，玺入魏太祖。至长道乡公，禅位于晋，玺入晋室。怀帝为刘聪所陷，帝降聪，聪于承尘得之，玺入聪。聪死，粲为靳准所杀，刘曜平靳准，国称赵，及曜为后赵石勒所灭，其玺入勒。至季龙死，石（世）［氏］遂乱中原。魏冉闵尽诛石氏，遂称魏，为前燕慕容隽所败。有戴施者得玺，谢尚以五百骑送之，归于东晋。即穆帝时也。

及恭帝传位宋主刘裕，玺入宋。至顺帝时，禅位于南齐，齐王萧道成求玺，玺又入齐。至和帝时，禅位于梁主萧衍，以玺入梁。武帝太清时，侯景作乱，台城不守。武帝崩，萧纲为简文帝。俄而幽死永福省，立昭明子栋，又废栋自立。百余日，军败，为鲲所杀。有赵贤者，为栋所亲，掌玺绶，及鲲败，将一疋载玺至京口。时有载金者，为盗所劫，载玺者乃跃舟中。至瓜州，复遇盗，力不能制，投玺于草中，而告大将军郭敬之。敬之取得，与北齐主[高洋。至]高纬为后周武帝宇文邕所杀，玺入周室。静帝衍禅位于隋文帝，玺入隋。炀帝幸江都，宇文化及行弑，帝崩。其玺为萧后所掌，遂[归]于宇文化及，为窦建德所弑，玺入建德。后建德为突厥可汗所败，萧后将玺入[虏]庭。

至唐武德中，使人入[虏]，取萧后及传国玉玺。突厥乃遣萧后及玺并炀帝少子玄帝归，遂入唐，高祖神尧皇帝受之。按《唐年谱录》：广明元年十二月五日，僖宗幸蜀，王建囊负传国玺，从驾以行。天佑初，济阴王祝以寿终，玺入于梁。梁亡，入后唐。庄宗同光之乱，归于明宗。明宗崩，清泰即位于岐下，王思同、张虔、刘之举同奔潞，潞帅石敬瑭不纳，殒于驿署，玺后归于清泰。晋高拥戎马自晋阳入洛，河桥不守。清泰积薪累日，尽驱宗室，六宫珍玩一旦偕焚于摘星楼，秦玺煨烬，其亦明矣。按《陷蕃记》：北戎入梁园，晋少主奉上玺绶，戎王怪玉玺制用疏朴，笔工又非真绝，疑惑将有隐易者，晋人具以实对。

文宝淳化中司计陕右，督刍军于塞下。有处州永寿县主簿赵应良者，北燕人，老而能记，自谓少年事戎，为伪丞相高公堂后官。尝从公至燕子城，登重阁，阅晋旧物，得观玺绶，与《陷蕃》略同。今传者云秦玺入，亦其语矣。至道三年五月十五日，荥阳郑文宝舟中述。

吴氏印谱

(元)吴 睿

《吴氏印谱》也称《吴孟思印谱》,元吴睿辑,一说南宋中期人金石学者王厚之作。但据元末揭汯《吴氏印谱序》所云,其著者当是吴睿。

吴睿(1298—1355),字孟思,号雪涛散人,祖籍濮阳(今属河南),后移居杭州(今属浙江),晚年客居昆山(今属江苏)。终身未仕。为元代金石学家、印学家吾丘衍弟子。明刘基评价其"工翰墨,尤精篆隶,凡历代古文款识制度无不考究,得其要妙"。

《吴氏印谱》一卷,汇录古印,类极品列,将自汉至晋九十二方印分为官印篆式、私印式、汉官仪三类,每方印下注明释文、印材、钮制、藏者、沿革始末。可据此谱以明了汉、晋官私印式,管窥宋元印学之貌。

此次整理据《说郛》本录文。

钮制

一曰黄金橐驼钮。

二曰金印龟钮。

三曰铜印驼钮。

四曰涂金龟钮。

五曰铜印龟钮。

六曰涂银龟钮。

七曰铜印环钮。

八曰铜印鼻钮。

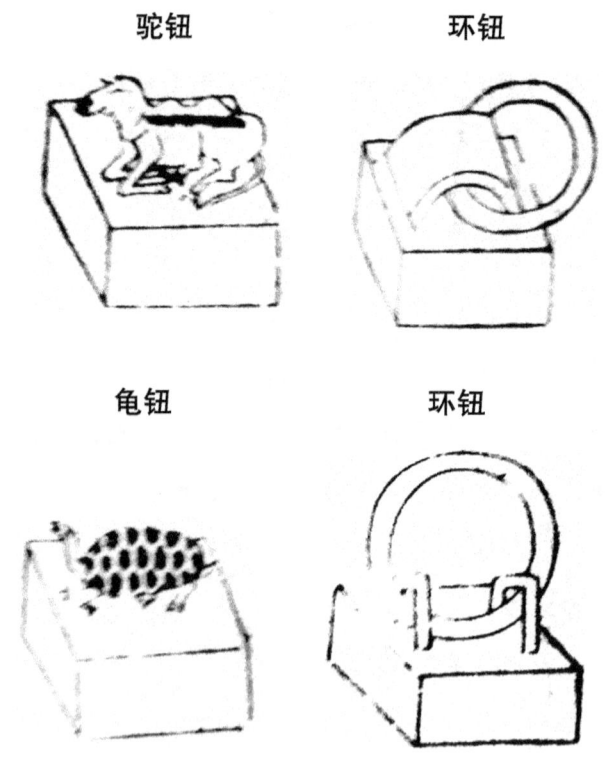

连环钮 寿亭侯印及关南司马皆此钮。　　**鼻钮**

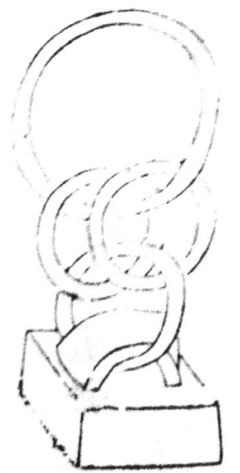

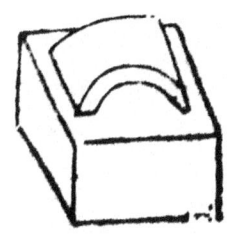

官印篆式

乐安王章，白文。涂金龟钮。吕寿卿。

汉和帝改千乘王宠国为乐安王。晋初，封皇子鉴；惠帝封齐王冏子冰，皆为乐安王。

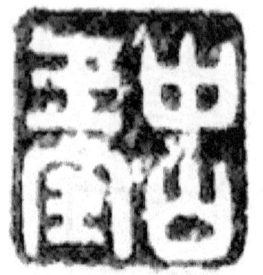

中山王宝，白文。玉印。

出于邓挺器先《印册》所载。

关内侯印，白文。白玉印。

施武子宿云姚梁丞所藏仲谟孙尚书也，后归武子。龟钮，钮有尸浸痕。

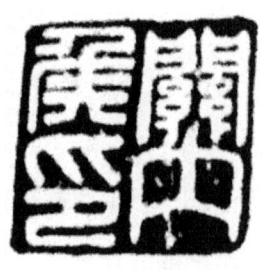

关内侯印，白文。玉印鼻钮。钱参处和氏。

秦爵二十等，彻侯十九，关内侯居京师而无国邑。

京兆郡开国公章，白文。涂金龟钮。

两汉无五等爵，魏始有之，而开国之号乃始于晋。

都亭侯印,白文。涂金龟钮。袁起岩氏。

《后汉·皇后纪》:献帝母王美人兄斌,兴平元年封都亭侯。

都乡侯印,白文。涂金龟钮。荣次新。

汉初列侯大者食县,小者食乡亭,皆为列侯。

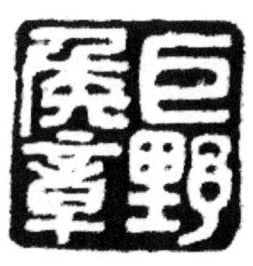

巨野侯章,白文。涂金龟钮。

济州巨野县,两汉属山阳郡。

武平侯印,白文。涂金龟钮。

汉献帝建元元年,曹操自为大将军,封武平侯。

归赵侯印，白文。铜印龟钮。

晋载纪：刘元海族子曜，以元帝大兴元年僭帝位，改国号曰赵，据有关中。又大兴二年，石勒据襄僭位，亦改国号曰赵。此必二胡以封来降者。

关中侯印，白文。涂金龟钮。有不涂金者。

《魏志》：关中侯，爵十七级，皆金印紫绶。

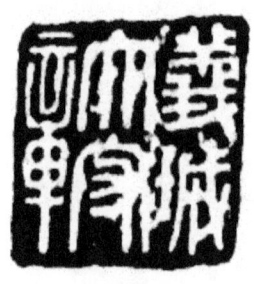

义城太守章，白文。铜印龟钮。
义城郡。按：《隋志》：襄阳郡。

宜阳太守章，白文。铜印龟钮。
宜阳县，两汉及晋志皆属弘农郡。

陇东太守章，白文。铜印龟钮。沈虞卿。

西魏于扶风郡汧阳置陇东郡。

就都亭宰印，白文。铜印鼻钮。

《汉志》：蜀郡广都县，莽曰就都亭。

西平郡长史印，白文。铜印鼻钮。

《前汉表》：郡有丞，边郡又有长史秩。

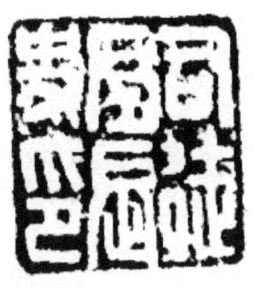

司徒左长史印，白文。铜印鼻钮。

前汉丞相有两长史，称千石。哀帝更丞相为大司徒，长史之号。

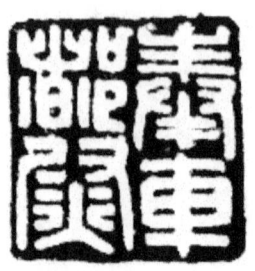

奉车都尉，白文。铜印鼻钮。

汉宣帝地节二年，以霍山为奉车都尉。

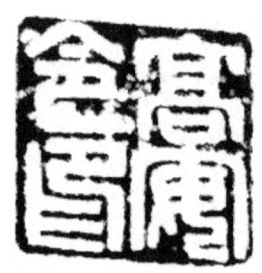

高安令印，白文。铜印鼻钮。

晋安帝义熙初，分沮阳县地置高安县。

安宁令印，白文。铜印鼻钮。王氏复齐。

安宁县，按《隋志》，雕阴郡上县，西魏置安宁郡。

永昌长印，白文。铜印鼻钮。沈虞卿。

按《前汉表》县减万户为长，秩五百石至三百石。

新昌长印，白文。铜印鼻钮。杨伯虎。

西汉辽东郡有新昌县。

新农长印，白文。铜印鼻钮。一杨伯虎，二复齐。

新丰县，属京兆。

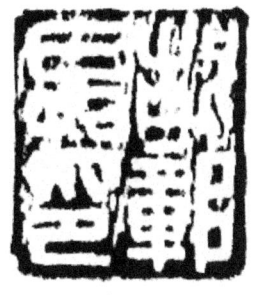

故鄣长印，白文。铜印鼻钮。元延之。

故鄣，今湖州安吉、长兴二县地。秦鄣郡故城，故汉以名。

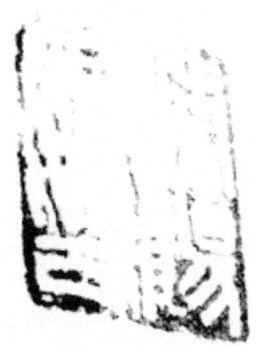

浦阳长印，白文。铜印鼻钮。荣次新。

浦阳县，晋属九德郡。

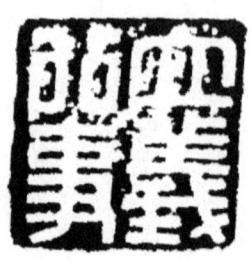

立义行事，白文。铜印鼻钮。玉山汪氏。

《后汉·西域传》：车师后王杀后部司马及敦煌行事。注：行事谓行长史索班。

玄平长印，白文。铜印鼻钮。韩肃可允寅氏。

彭城医长，白文。铜印鼻钮。颜景周。

多睦子家丞，白文。铜印鼻钮。徐楳景平。

汉列侯有家丞。

祋栩丞印，白文。铜印鼻钮。潘柽德文。

《后汉志》：祋栩，永元九年复。又坊州宜君县，亦祋栩县地。栩字本从衣，今从木。盖汉字多假借，此为汉印无疑。

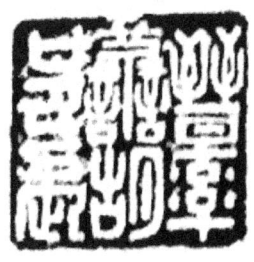

晋率善胡邑长，白文。铜印驼钮。王复齐。

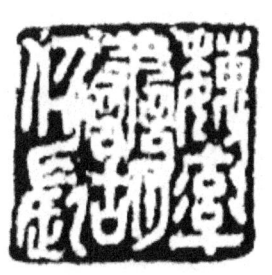

魏率善胡阡长，白文。铜印驼钮。玉山汪氏。

《魏志·东夷传》：辰韩国，其官有魏率善、邑君、归义侯、中郎将、都尉、伯长。

穰苴将军章。

《史记》：齐公以穰苴为将军。此将军之名所自始也。汉武以后，随所征伐立号，亦不常设。

骑督之印，白文。铜印鼻钮。沈虞卿。

魏、晋第五品有骑督。

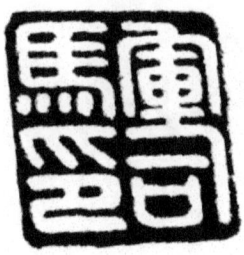

军司马印，白文。铜印鼻钮。

军司马尚矣。《周礼》：军司马，下大夫，四人。

别部司马，白文。铜印鼻钮。

《东汉志》云军司马千石，其别管领属为别部司马。

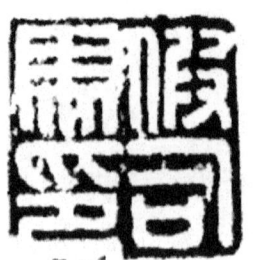

假司马印，白文。铜印鼻钮。赵师锡。

前汉班超以假司马印使西域。

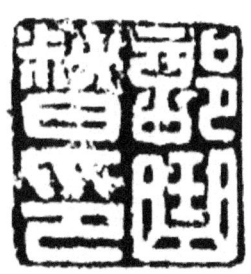

部曲督印，白文。铜印鼻钮。

已上皆经前贤考辨，有来历者收入，一可见古人官印制度之式，又可见汉人篆法敦古，可为模范。

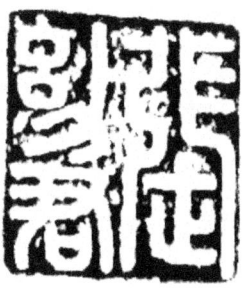

私印式

张幼君。白文。

汉张长安，字幼君。

端居室，白文。玉印。

唐相李泌。

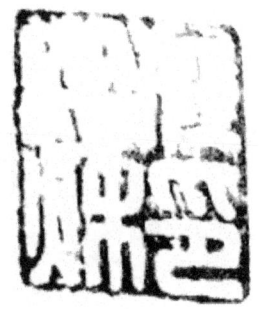

任印千秋，白文。回文式。

汉任千秋。

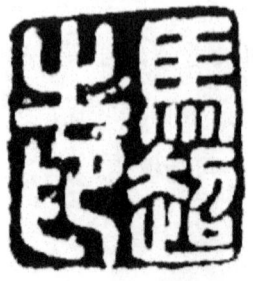

马超之印。白文。

蜀马超。

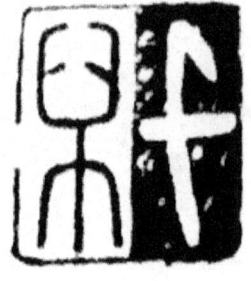

千万。白文。

款识文。

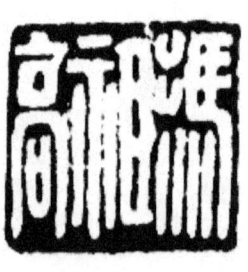

冯祖高,铜印。

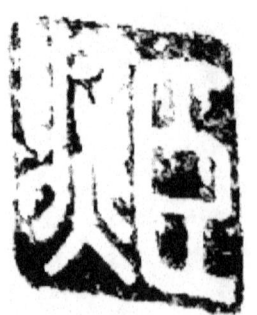

臣照,铜印。

汉官仪

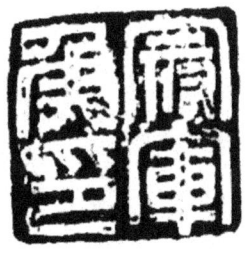

冠军侯印，白文。铜印涂金龟钮。

前汉武帝以霍去病征匈奴，冠三军，称冠军侯。

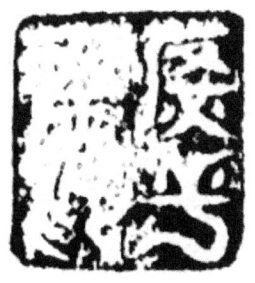

广平侯印，白文。铜印辟邪钮。

光武建武二年，封吴汉为广平侯，食广平。

汉都亭侯印，白文。铜印盘螭钮。

顺阳侯家印信，白文。铜印橐驼钮。

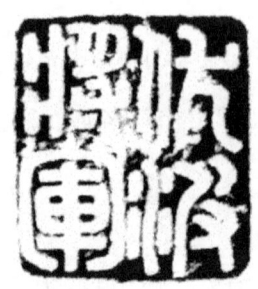

伏波将军，白文。铜印龟钮。

按：伏波将军，前汉路博德，后汉马援、陈惇、夏侯惇，魏满宠、甄像、孙礼、卢钦，晋孙秀、葛洪、陶延，皆为此官。

绣衣执法大夫印，白文。铜印龟钮。

文七作三行，大夫作"而"，盖绎山之法。前汉武帝时，侍御史又有绣衣直指，出讨奸猾，理大狱，而不常置。

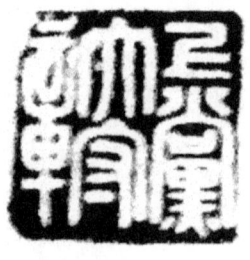

上党太守章，白文。铜印索钮。

都尉。

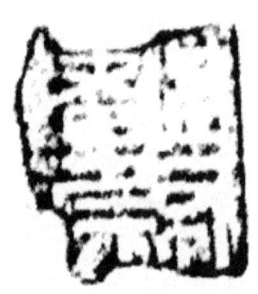

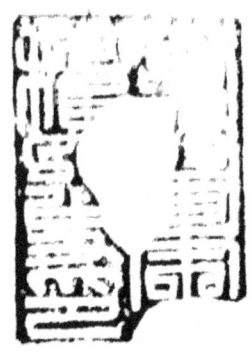

右将军会稽内史印，白文。铜印中空刻印而合汉丁为之者,中央文朽处乃柄穿蚀小点。

平西将军，白文。铜印龟钮。今藏义兴周孝侯庙,祝世掌之。

沈约《宋书》：临川王义庆为平西将军。

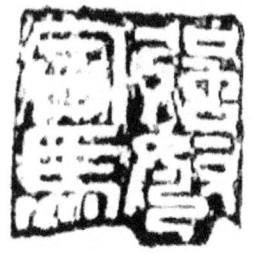

强弩司马，铜印鼻钮。

晋文王初启晋台,置中卫及卫将军,而二卫始置前驱、由基、强弩为三部司马。后周亦有强弩司马。

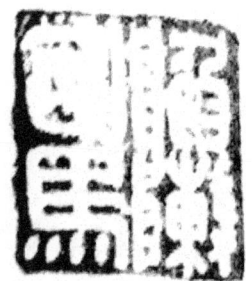

陷敱司马，铜印瓦钮。敱,古战阵字。

汉安帝元初中,任尚募陷阵士击羌零。建安间,乐进、于禁皆常为陷阵都尉。

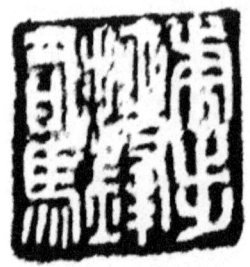

虎步挫锋司马,铜印瓦钮。

锋字当从 ![img], 今从 ![img]。《汉逢童子碑》,"逢"字亦然。

左将军军司马。

左右前后将军,皆周秦官,汉因之,三国两晋亦皆有之。刘备为左将军,尝以庞义为左将军军司马,即此官也。

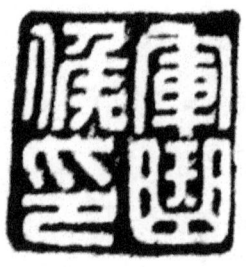

军曲侯印,铜印橐钮。

军曲侯,秩六百石。

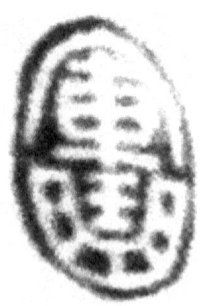

军曲。

骑部曲督。

骑军部曲之将也。

牙门将军之章。

牙门将,魏官第五品。

聚降尉右前侯。

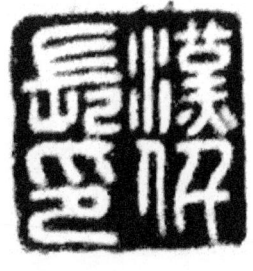

汉仟长印。

汉归义胡师长，铜印兔钮。

胡者，夷狄之通称也。史氏谓之夷狄，多言胡人。

卫青，玉印盘螭钮。

贾山，白文。铜印。

王广德印。回文。

臣寅。

周昌信印。

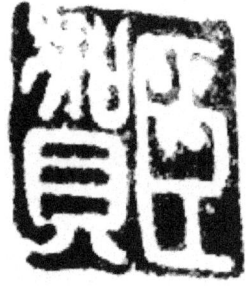

臣贺。

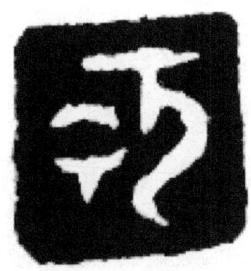

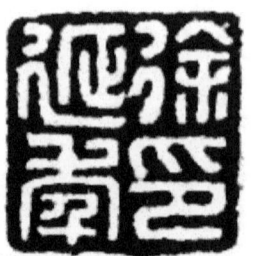
徐延年印。

堂,白文。玉印。

蔡勋,白文。玉印。

王戎,白文。玉印。

韩信，白文。玉印。

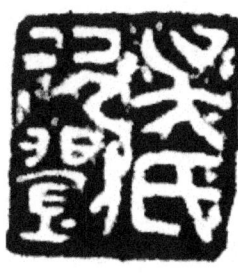

吴（次）[氏]刘氏，白文。铜印鼻钮。

郦商，白文。玉印。

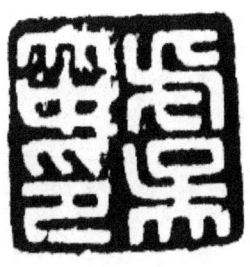

虞大中印，白文。玉印覆斗钮。

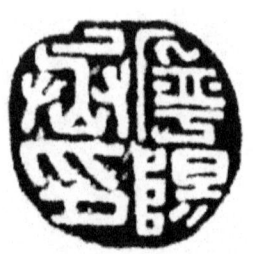

宁阳丞印，白文。铜印鼻钮。

何泰之印，白文。铜印龟钮。

尊，白文。玉印斗钮。

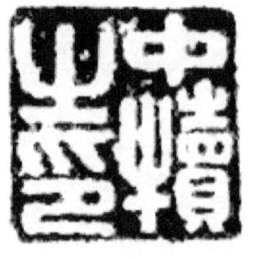

中犊之印，白文。铜印鼻钮。

苏豆之印，白文。铜印狮钮。

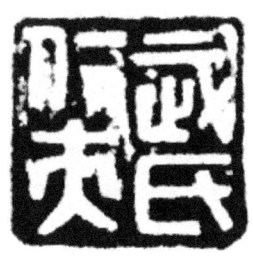

武仁夫氏，白文。铜印鼻钮。

韦夜张印，白文。铜印。

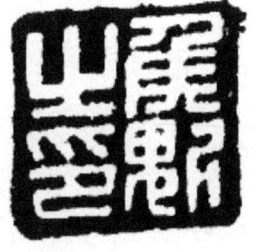

侯魁之印，白文。铜印。

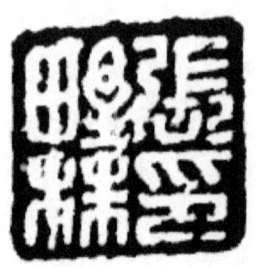

张野株印，白文。铜印。

鬲左尉印，白文。铜印鼻钮。

公孙弘印，白文。黄玉印。

附录：

吴氏印谱序 揭汯

  印章之来尚矣，制式之等，钮绶之别，虽各有异，所以传令示信一也。是编自汉至晋，凡诸印章，搜访殆尽，一一摹揭，类聚品列，沿革始末标注其下。不惟千百年之遗文旧典、古雅朴厚之意，粲然在目，而当时设官分职废置之由，亦从可考焉。

吴氏孟思，素以篆隶名，而是编皆其手录，尤可宝也，熊君仲章得之以示余，故书此而归之。至正二十五年五月甲子，豫章揭汯识。

百宝总珍集

(宋)佚 名

《百宝总珍集》十卷，不著撰者，清四库馆臣据内容，推测其为南宋临安市贾所编纂。元书《居家必用事类全集》偶有引用，又书内多"高庙""光宗"等语，其成书年代应在南宋后期。

本书所载所记百数种珍宝玩器，具详其出产价值、真伪优劣、辨识手段，每种器物之前具载七言绝句一首。行文多市井口语、鉴宝行话，具有很高的古玩鉴定价值。

本书现存一清抄本，此次整理据以录文。

卷一

传国宝

金箱玉印无价珍，卞和投进到如今。

李斯篆字今何在？圣宋传国万万春。

此玉出于楚国荆山，秀士卞和庵前有一石头，忽见凤凰现于其上。此禽坐高八尺，立高一丈，非玉石而不坐，非竹米而不食。卞和将此玉石投进楚国君有三，方始进了。楚君恐大国得知成乱，遂令公主作嫁资，与赵国成婿。后秦国得知，遣使命割连城博之。赵国却令蔺相如奉使秦国。秦君遂玩于美人之手,蔺相如曰:"陛下虽有爱玉之心,仍无割城之意。"蔺相如复赚归国,缘此为仇。后赵王被秦国一统,将此宝令玉匠琢成传国宝:高四寸五分,面阔五寸,五龙纽背,上有八字,李斯篆写"授命于天,既寿永昌"。后至汉平帝朝王莽即位,王皇后与王莽至争掷玉宝于殿阶之上,击损三分。后令金补之,谓之"金箱玉"。印乃传国万万世之宝。

玉器

色似琼酥白似银,摸着灵泉随生手。

敦厚好样玉性润,雪花夹石无占纹。

凡看玉器,先要得色,样范好,敦厚,碾造人相,无雪花夹石、占纹并破损去处为妙。不要油色,如不断青并白得齷齪者低,如快刀括动乃是石头。玉有五色,白如截指,黑如点漆,红如鸡冠,青如蓝靛,黄如栗黄。

罐玉

罐子从来出北地,色磁气眼不甚中。

若教光莹滴酥色,与真无异仔细看。

第一等雪白罐子,若无气眼,与真者无异。隐隐微有蝇脚者,若有气眼、不润必是。罐子多作腰条皮、刀靶、鞍作子事件之属。

古玉

古玉从来血褐色，尸浸红来似点血。

白者价高青者次，更看色样分别说。

凡看古玉条环、璧环、枕臂、鱼袋、剑额儿之属，雪白古浸者，如上面有血浸红色者最佳；如青玉坚古者，但看样制并花样，制并花样碾造仁相者好；亦有油色古者，比之雪白古玉价低。有一般玉谓之溏玉，一似古玉不直钱。古玉者无玉性，一似石头不中。今时亦有伪造假古者，多将川石用药巢之，要看快者只将刀去古处刮之，巢药自然下，真玉者无仔细看验。

青玉

青玉从来分数等，滋媚润者彼人观。

做造不论大与小，碾造仁相做钱看。

凡看玉亦有数等，上至不断青，下至碧绿色者，若颜色唧伶，样制、碾造、花样仁相，盏椀或腰条皮、束带、绦环零碎事件之属多着主。如绿色或夹石样范，花样不好，皆是猫货。已上数等皆是卖外路官员，此间少着主。

乌玉

乌玉从来使处少，出处多是蜀中有。

数珠镇纸对象棋，堪作玉磬声长久。

昔日乾道年间，有一川人用竹篮乱草盛贮一乌石，向都下教化为生。后被甲库玉作刘夫人令人掷石于地撕碎，用钱些小收之，令此人归乡。川人曰："误我平生！"将谓内藏白玉，此人不识却是乌玉，将此玉琢成象棋，投进高庙。

玉带

腰条束带有多般，菜玉明钉去头难。

滴酥色润多着主，牌坊素者足人怜。

雪白大偏带街市少有，官中止有两三条，多赐与亲王、使相。其次束带、腰条皮牌方素者，雪白花样、碾造仁相者直钱，其余青白或明钉花样不好。及烧香一字唐带或油色者皆是猫货，若白玉有朗者谓之伶色、节病。

玉插

玉插如今不甚宜，亏他宣政碾造时。

此物逢之休承揽，鲜卖发付去头迟。

玉插、桃梳并出洛梳，玉性少有白者，多是油白色，材料、碾造今时不行。微玉插中改簇插花朵，微钻绻、甘蔗肥头巾环子，多有人要。

卷二

马价珠

炉甘色美过如翠，若无油烟转更佳。

夹石粉白老青色，此物本事不足夸。

青珠儿炉甘色者地道，珠儿指面火、肉验高者妙。亦有转身青者，多做管索用，颜色好者直钱，着主快。亦有当三折二钱大者，价例不可一例看成。土番国并回鹘珠儿颜色不好，多是好靛石，相似北珠儿，多是西夏贩来，川人多有。

北珠

圆如弹子转身青，披肩色好甚分明。

粉色油黄并骨色，节病多般不尽论。

凡看北珠儿，上至一钱身分，下至一分已下，都要身分好，转身有青颜色为妙。生珠儿不曾钻者并窍钻者尤佳，直钻、古钻、鼓槌钻、改钻，骨色、油黄、磁白、粉白者皆是上下路客货。微析子、天生子儿颜色美者直钱，如是解开者价低，临时更看颜色何如。此物多是打嵌使用，若是南珠儿颜色鲜明、体轻。已上大珠儿一颗不如两颗，两颗不如四颗及六颗，若般凑十颗成器。

线头

线头珠儿分数等，捻圆白者最为奇。

黄壮黄圆多发客，回残丑者价应低。

凡看线头珠儿第一要白，捻圆者直钱，其次妹媚不甚圆，又有瓜瘦者，亦有白把儿，内踢下白丑者谓之白后手。亦有雪白捻圆，一钱数已下，直至匣数并脉珠儿好者藏钱。若黄珠儿捻圆者，外路人亦好价例。黄珠儿若是半两数以下，身分不圆者着主迟。亦有生黄色，不论圆魂者发付较迟。

珠筛

珠子铜筛与银筛，铁者多应是古筛。

一套若全二十只，隔过之时好穿排。

珠筛突镂作造，做二十只一套方全目。今多有收得十五只或一十只者，止至六两数已下至一钱数，惟一两数至一钱数者多用。若有一两数以上，三五只不全休买。铁者及一十只直钱一二十贯；铜者官筛样，若二十只全，约直钱百千，亦有直五十千者，如收买之时利家处捉小价，买之。如要发付，却于珠子行托人货卖。

凉珠

龙泉呵子及水晶，金银隔间甚分明。

看验之时宜仔细，冬间寻主去头迟。

龙泉呵子诸般香合，或圆珠儿及水晶碾成。呵子及水晶圆珠儿，仔细看验真伪。亦有圆壮珠子隔者镀金、真金或镀铜隔间，仔细看之。

水晶数珠

水晶数珠出倭番，玛瑙数珠去头难。

象牙数珠无人要，此物收时小价看。

倭国水晶数珠，往日高庙在日，每串不下百千至五十贯，目今价例三分减二。惟玛瑙数珠红得美者，子儿大，颇有人要。若小数珠，难卖。广人带到象牙数珠，少有人要，大者价直贯百文。北物多发淮上，北客使用。

菩提珠

持过紫色菩提子，金钱银钱两下安。

上有骨董多人爱，若无七宝去头难。

此数珠若有金银钱及七宝零碎事件，逐件估价例。如卖托府第宅舍婆婆或女冠师尼，多要僧钱，可下钱买。

水晶盏碗

明净如冰白似银，不薄不厚要停匀。

更无粉霞并惊动，碾花之时仔细看。

凡看水晶盏碗，先看明净、雪白、伶俐，样制好，无纤毫霞破损。水晶要不薄不厚，素者尤佳，碾花者多藏粉霞。南地出者倭水晶、信州水晶，北地亦有乌水晶。北水晶色暗，信州有假烧者，与北水晶相似，色暗。

玛瑙盏碗

红如锦绣要分明，样好那堪入手轻。

更无夹石并绽纹，此物应当中贵人。

凡要玛瑙盏碗器，先看样范好，做得薄。红锦或一间酒色花儿分明沥落，无夹石破相者为妙。如鬼面、浆水，无红花儿不直钱，做不到，夹石、绽纹皆是猫货，好发外路官员。此物多从北地来，花儿内有粉红花者，谓之蚰蟮红；有紫红花点者，谓之酱斑。玛瑙器物或刀靶、香药合儿大小事件之属。玛瑙惟看有景，碾造仁相直钱。玛瑙亦有数等，北玛瑙、西玛瑙、柏子、截子、合子、竹敦、席涎、浆丝、酒色、鬼面、淮上土玛瑙、石榴子儿，亦伱玛瑙之数。

卷三

管套

管成七宝唤毛锥，水晶冬天谭例低。

一双卖时难着主，般成全副便相宜。

管套数等，有白玉者，青玉者，玛瑙、水晶者，有沉香、象牙者。此物难卖，如有小价商量，撞着般凑直钱。

玻璃

南番酒色紫玻璃，碗碟杯盘入眼稀。

土烧气眼皆不好，价例不比往前时。

玻璃出南番国，有酒色、紫色、青色、白色者，性若水晶相类。劝盏杯盘器背上多镶两点花儿，是真者。土烧者轻，有如瑠璃灯相似。

团瑰

水晶玛瑙玉团瑰，此物逢之未可爱。

玉匠看验方为真，相璞投托贵人买。

诸般大小团瑰，不可强识，遇有须与玉匠商议。惟有玉团魂面上使见玉者。川中人多带到黄石团魂，内多无玉，只是川石。玉有数等，沙子玉、不断青玉、蓝田玉、菜叶玉、酒墨玉、古玉、乌玉、尸浸玉、栗黄玉、油色玉、白玉、烟玉。

金星石

青如头靛皆相类，若有金星却不中。

更无石脉并色淡，零碎事件小价看。

此石乃是金苗出金处坑冶有之。若无金星，青得美色，不要有夹石者为妙；若有金星，褐色不好。若是花瓶器物之属无节病，做钱看。若有些小绺索事件，逐件三五百钱做价，亦有贯已上者。今时行市价例与向者不同，价高。

靛石

靛石马价皆相类，颜色黑绿不直钱。

青得美者颇人爱，碾成事件钱做看。

此石颜色好者，颇与马价相类。亦有深黑、绿色者，亦有绿得美者，不甚直钱。

川石

有一川石白似雪，刀刮不动硬如铁。

观看此玉无两般，与真无润终久别。

此石雪白，与真玉无异者，有人叫作烟灵石。刀刮不动，碾造器具绦环等物之属，比之真玉终有石性，不甚润泽。阶石、烟灵石、夺玉石、洛河石与石相类，仔细看之。如是石头，多用刀刮动，便是石头。

密石

刀剑磨成似银色，不若秋水渗人寒。

若要收藏不生绣，密石挣过放心安。

此石亦出蜀中，有如磨刀用，如灵璧石颜色相类。刀剑磨了，用密石挣过方不生绣。

试金石

色如黑漆皆相类，气呵湿润卒未干。

光滑腻如鸡子弹，上金贴定好者看。

此石出蜀中，润湿腻滑，样范好，颇大者有直钱三五千者已下。石粗，有块儿小者亦有直五七百钱者。如上金满却，用盐水洗之，安于湿地上，少时取出安在袋儿盛之。如上金，气呵动，用手擦之，方始上金。尚有褐色者吉州石。

灵璧石

看石山子号灵璧，立者卧者黑如漆。

更防墨染蜡出光，折断胶粘难辨识。

灵璧石山子立者或有卧者，先看样范好，弱无石脉，颜色黑如漆者堪好。亦有小块儿山石峰儿巧者，亦有折断用胶粘不觉者，子细看之。此物文官多爱。亦有墨染蜡出光假者。英州看石山峰多者着主。

石砚

石砚从来数十般，声如盆破死猪肝。

腻如鸡子无石病，滴水气呼卒未干。

凡看砚瓦石性有多般，逢人眼传心记认杀。歙砚、端砚，新坑者燥，旧坑者润。惟端砚带紫色有眼本是石病。端砚有括子、有眼，石中病，无眼不成端。川中莲石与歙石无异，用手擦磨如瓦性。每个大者价直不满一贯。石性亦有刷丝。黄济石、青济石、洮石、蟮鱼斑石、倭石砚瓦，亦有潮信来槽内水满者，价直非细。

瓦砚

曹操禁中含元殿，立名呼作铜雀台。

上头旧瓦今作砚，百个难淘一个坚。

铜雀台瓦砚上有花儿，铜绿色。街市多是伪造者，禁中阁子库中有。

卷四

金子

上石毒擦看分数，入手轻肥验真伪。

货卖剪开方定价，论中细说不曾差。

金宝货八宝之数略而提过，《金银论》中自说详细，如有垒珠七宝盘盏，别寻主卖。

银铤

真花细切分数高，纸被心低四角凹。

好弱幽微说不尽，论中不错半分毫。

凡看银铤，上至一百分，下至六十分，《金银论》中细说子细。银铤发孔色昏白者低，多是纸被。银器入手先看软硬，色泽好者堪好。如有镀金突镂香印盘及间镀夹金器，令寻主卖之。

玳瑁

最好白多点儿少，此物应当价不少。

黑白多少不为奇，照管移班错看了。

玳瑁龟筒出南番。白多点儿稀少者，每斤有价直五百千左侧者。花斑好者约直钱上千贯已上。胡黑者价极低。玳瑁梳儿、头面之属亦有用药点角者。军寨中有一子弟做造与真无二，谓之狗儿玳瑁。如有简板者，合菱花盘、盏、台子，有线道、大碗之属，多是泉广官员带到，价例捉小商量。四行者有言龟筒移玳瑁佛也乍理会。

犀角

云头雨角要分明，正透尤佳倒透纹。

楣柮就中偏最好，刀刮摩挲分外馨。

犀角出熙河路者为妙。成株者盆口大，身子肥，泛重百两已上左侧者成器。更要花儿好、正透高，如倒透、低正透者黑地黄花，倒透者黄地黑花儿，若成株钱看。如是每株瘦小、花儿不好、分两轻只中合药用。无花儿乌犀中造马冬鞍作子，及造乌犀红鞓、偏带、象棋。如看犀带，多有用角地犀捺面子，如看验花儿大小、近远，更看侧壁寻合缝节病。如看犀盏，不可大着价例，亦有每只直钱二三十贯者，又有已下者，更看大小、做造如何。楈柙犀有如病花牛骨相类，此物高庙在日直钱。刀刮磨擦馨香，火烧亦不臭。竹犀两脚不甚分明，亦有蛮犀、川犀，若是合子零碎事件，临时相度。

笏简

大食牙性偏滋媚，盖座垂柳镇不深。

更无触纹并心影，长短合格不抱身。

凡看笏简，如大食牙地道好，牙性滋媚、光润、腻滑。三佛齐牙其次，广牙最低。笏简长短要合格，两边要有垂柳、盖座都全、厚薄恰好、无镇脚者尤妙。如有镇脚，不要深，到底是节病。如有心影牙性粗，触纹又谓之山园抱身紧，沥靥色脉，镇脚深纹相似，皆包弹。惟沥靥投卖呼作寿星笏，长二尺五寸，淮尺合格。如象牙每株斤两大者直钱，好简上五百千左侧最高，下至百千者价直，临事看本事如何。

江猪牙

江猪有如重枣色，象牙粗细有两般。

高庙在日心中爱，如今只宜小价看。

此物呼作江猪牙，本是西夏国出者多年龙牙、龙骨，恐官中犯上，呼作江猪牙。色如重枣。今时不作，如有小价例，作刀靶、扇柄、掉篦之属。

珊瑚

枝柯高大最直钱，色似银朱转更鲜。

若有髓眼并丹色，价底多应不足观。

此物《讽谏》云"沉沉水底生珊瑚"，出大海中水底，五七株成林，有横枝色鲜红者谓之珊瑚林。设放看玩以高者转难得，价高直钱。如有零碎材料，每两直钱五千左侧。如络索儿内碾成事件，别估价例收买。珊瑚成珠，亦有折断去处用红蜡粘接，子细看之，丹色髓看皆是包弹。

药柱子

烧丹古迹在夷门，有缘之时遇葛公。

颜色可人青得美，喷鼻馨香方验真。

药柱子手指头大，馨香喷鼻，色如金星石相类。元祖葛仙翁曾在东京夷门烧丹走了一炉，至今仙迹犹存，有缘之人于草中偶尔获得。高庙在日曾买得，此物稀有。

猫睛

黄如酒色唤猫睛，转侧中间一道真。

睛散更兼深黑色，二物应当价例轻。

猫睛出南番国，酒色睛活，如指面大者尤佳，以大以好。睛死不活并墨睛者不甚直钱。小者亦有米来大者，只中嵌指鞢儿，大者打嵌篦刀、劝盏之属。

卷五

蜡子

紫蜡红蜡出南番，钏镯杯盘打嵌安。

大者直钱五六百，小者多嵌指镯间。

此物出南番国，红紫或酒色，大者如指面。亦有大者多嵌七宝、盏碗及钏、镯，小者嵌捉镯儿用，除此别无用处。

香珀

琥珀血珀合药合，香珀从来多最佳。

色似栗黄令人爱，偏宜雕刻像生花。

香珀出西夏国，琥珀、血珀专医妇人。香珀色如栗黄，亦有鹅黄者，其性若沥青。或雕刻事件压口、像生、花朵之属，今时好价例。亦有作刀靶儿用者。

鹿顶合

槟榔花儿红似锦，象牙体地白如银。

若无髓眼十分好，纹绺当中不浸边。

此物出北地，依诗内括定无节病，更看新田大小做价例。

篦刀事件

篦刀络索与茄袋，零碎般成可爱人。

照管猫货相映带，逐件端详子细寻。

凡看刀靶儿多是沉香、玛瑙、犀象、江猪牙、香珀、白玉、青玉之属。象牙者不甚直钱，青玉多发官宦，玛瑙者且看有景，更看迭料，不要短。成器络索儿逐件看高低估价。

打马匣

打马匣儿事不少，内藏珠宝般般有。

四句诗中说不尽，注语里面细分剖。

黑漆或象皮匣、桂浆匣、螺钿匣、五明金漆匣内盛放笔墨，端、歙砚，象牙牌。一副象牙记色六十四个、象牙骰盆一个、象牙捻子一个、骰子八。又六只象牙赌酒水银鼓儿、搋画贡贴儿大小二副、金漆棋盘一面、黄绢软背棋盘一面、黑白药玉或七宝棋子四百个、彩色缕金象牙人物事件一十二个、金银马儿二个、立马一个、金银或大定打马钱四百足、犀象棋三十二个、象牙或马木桩钱柱儿八个、犀角或象牙双陆二十四个、紫绯夹稷一条上有小象牙牌儿一个。

弩子

乌木牙桩偏最好，若无节病晒直钱。

速雷紫柘弓偏硬，休教瘱动是人怜。

凡看弩桩儿，先看不曾冲动、浮动，不裂为妙，弓儿不要蹙动者好。弩桩亦有数等：象牙桩第一，并金银拨手，约直钱百千以下，低者不下五十千；其次乌木，成蛮道乌木、海藤、龙柏木、荔枝木、枣木、紫荆、花黎、凤尾桑此数等皆是弩桩材料。其次弓好者，紫速雷、黄速雷、竹速雷，其次柘木，有黄柘、雁木山桑，皆是弓材料。弩子多有数等，市语呼作十字儿，上至葫芦头、鹅肛、鹘眼、鹘尾四字儿妆亲，仰日矢道、承弦、拨手、面子藏瓶口、遮羞道士头、鹳暂。弩子常太保做者最好，今时马三二、驼务张做者亦好，弩田乞儿、任三乙削妙。

琴阮

丝桐琴阮事更深，古旧包藏贵似金。

新者价低休强识，寻师拈弄问缘因。

七弦琴呼作焦尾，又名丝桐。古琴出在周时。新琴少有好者，亦有开指琴、断纹琴，皆是做者。真断纹古琴禁中阁子库多有。寻师学抚，方知好弱。亦有直钱十年千已上者，梓木造者高于桐木者价低。

笙

川竹直钱数十千，土竹休言不足观。

手擦摩挲深紫色，义管一双方是全。

川竹者手弄多年，深深紫颜色，约直钱十五千，土竹不中。成家造者尤好，贾家造者其次。外有一双义管者方全，换宫调使着。紫竹约直千四五钱。

箫管

陈八箫管座儿宽,皴皵酥皮满面看。

紫草油窖甘蔗色,吹着令人心下欢。

陈八开者箫管多年,面上有皴皵。亦有刮去皮儿者,座儿教宽,多开宫调。成对者价小,也直五千。如是银丝缠满,不下六两银。

舞袻

无缝舞袻锦地衣,土织美看川者低。

若是狭长着主少,必是卧褥定无疑。

青红锦织就四方无缝者是舞袻,如颇长必是卧褥。新者多着主,旧者难卖,人多疑恐,是冷子难发付价直,临时相度。

卷六

月鼓

鍮石钉钉月样鼓,周回更用螺钿装。

对节架儿银丝缠,象牙顶儿结带长。

头样月鼓鍮石钉二百六十个,第二样二百四十个,论新旧铸旋成,每个当钱五千。暗钉鞔鼓皮紧贯好者不下五千,螺钿通当钱三十贯已下,如有旧者,小价商量。青丝结带、象牙顶儿银丝或桐丝对节价架儿,令估价例。

琵琶槽

琵琶槽子用山桑，红桑尤妙最为良。

昔日价直数百贯，如今减价小商量。

红桑槽子川中贩到，往日不下直钱一二百贯，今时不比旧日，极放小价商量。如买得旧损红桑破琵琶，贱价收得中，改造撥篦拍板使用。

角球

最大球子十一合，秤盘分两八打八。

旋作价直一十千，官员买后已上发。

角球最大者，新做，重四斤，计六十四两，上行价例一十千买得。如官员买，不可依此价卖了。十贯已上都是价例。其次者并独核儿把，此为率做，价如前。有解没者或旧者价，别做商量。

轮车

朱红轮车三四等，最新大者约十千。

其次五千并三贯，旧者别作小价看。

若是杂解库大者千五、二贯收之，如买旧者，价直不可依新做价例商量。

钟磬

钟磬元来成一副，斤两大者晒直钱。

磬要声圆无破损，钟要声清不锅声。

磬无破损，声长圆，十斤已下者每斤直钱两贯。钟厚实，古钟声清者，妙。钟十斤以上，别定价直商量。

铙钹

铙钹咭子有数等，金陵铸者最为良。

若要上声多人要，下声只要小商量。

铙钹，僧家市语呼作滑仗，明、越州亦有，惟建康府铸者最好。高者每副约直钱十千已上，已下低者有直钱四五贯者。

铃杵

铃杵高者果是奇，周围镕铸小龙儿。

里面夜叉应难尽，诸寺阇黎有者稀。

最高铃杵中间有六臂，那叉周围皆铸小龙儿。价例至小也直五十贯，亦有价直已上者，其次低者亦有直钱三两贯者。市语呼作汤瓶。

手磬

手磬不论大与小，要好除非高丽铜。

敲击之时声长久，破损声向不圆全。

手磬明州多贩到，且要无破损、声圆长者为妙，价直看大小、声范如何。

锣儿

鼓板锣儿盖口大,驳之声范足人忻。

向得嘈杂可人爱,价直不下一两银。

锣板儿高丽铜铸者,唐声有韵者,不下直钱三千。低者以下有直钱五六者,大厮锣别作商量。

古铜

古铜元本出周时,旧者花粗入眼稀。

丁角句容花儿细,此物应当价例低。

古铜坚古者颜色绿,多犯茶色,多是雷纹,花样皆别,今时稀有。鼎、花瓶、雀盏之属。丁角、句容及台州亦有新铸者,深绿色,多是细少回文花儿,不甚直钱。

古铁

杵头芝麻与盘钢,邵局炼铁最为良。

透明古碇子细看,西川阆铁亦须强。

杵头芝麻豳铁面上自有花儿、松文者谓之盘钢,炼铁系邵局造者。西川阆铁面上纹绺如钢儿相似,透锋刀刃中间一道透明古碇。铁亦有水瀽、风瀽、土瀽,亦有假造者多,子细看验。好铁有藏钱者,古人有言"识铁者强如识金",信有之。

减铁

减铁元本北地有,头巾环子与腰条。

马鞍作子并刀靶，如今不作半分毫。

减铁北地造作，漏尘碎草、虿虎、牙鱼之属，如突镂作生活，多用渗金结裹腰条皮、束带之类。老旧官员多爱，今时作军官者多有。

卷七

响铁

土铸响铁隔尺高，声范不差半分毫。

川铁狭小无人要，寻主投卖谩徒劳。

响铁每副一十六片，土铸金者尤妙，出湖州菁村余家铸造作。每副好者声韵者百千已上，亦有直五十贯者。川响铁狭小，都下不用，每副直四五贯难着主。

紫线座

紫线马座重百两，值直不下五十千。

副使以上方得用，小官以下不敢安。

紫线马座，武官副使已上及入国副使方得用，其余官员不得用此物。新造者百千已上，工钱在外。现成买后，约直钱五十千左侧，临时相度。

狨毛座

两府节使及侍从，都统三衙都得用。

狮头裙尾若毛长，相称银鞍贵人用。

狨毛马座，两府、节使、正侍郎以上，安抚、运使、三衙管军及外路知州、都统得用，其余官贵不得。凡看马座，先看狮头及身子周回尾，但要狨毛长密。紫大花绫作理，八搭韵锦沿道，及新者往日曾直五十千，今时不同，约直钱五百十千左侧。更看做作大小或狨毛稀密，新旧如何。此物八月以后至冬节以前旺月，好发付。如立春以后艰卖。九月初一日搭用至三月不用，如有不时看之，方不蛀蚋。

狨皮

毛长满体黄金色，好者名为虼蚪皮。

若是雌狨全不甚，脚皮杂用定无疑。

狨皮出西川，施、黔州。大者头尾有长四尺，满面金色，长一小尺者尤佳。周回打去间皮者名为虼蚪皮，西川人呼作"扇子皮"。价例更看狨毛多少做价。其余无狨者，雌狨皮谓之觀皮，中作脚皮使用好者约直一贯。狨皮五七等，上至五六贯、下至有两贯者。

虎豹皮

雄虎皮高雌者低，金钱豹子最便宜。

斛叶那看不甚好，冬间价高夏间低。

雄虎皮好花儿粗黑好看，雌虎皮花儿稀细不美看。雌虎亦有花儿，粗密者难得。豹皮色黄，金钱花儿堪好。斛叶豹皮使处少，不曾蛀破者多着主。八月以后至春前旺月，好发付。如立春以后并夏月，如有收买之时，小价商量。客人贩到虎皮好者，大皮每张买花儿好约直钱十贯左侧，如官员买后别索价例。此皮多出二广，汉、淮、楚间多有，无箭孔者尤妙。

熊皮

熊生三子有一貊，胸前白月色如脂。

贵人偃卧能醒酒，郓州金线有者稀。

虎生三子，内有一彪；猴生三子，内有一猱；狼生三子，内有一狈；熊生三子，内有一貊，胸前有白月者是也。金线熊皮出郓州，昔日高庙有冬鞍一付，其余皆无。

貂鼠皮

貂鼠二般青紫色，高庙在日晒直钱。

每个皮儿银一两，如今有后不直钱。

貂鼠皮紫者、青者皆出北番。此间官中多做卧褥，北地多作狼头帽。

飞生皮

飞生原本出蜀中，临养之时跳涧生。

此皮色色皆无用，只宜准备生阁中。

飞生皮西犬如狸猫大，焦黄如赤马貌色，产科门前多画妇人脚踏此皮。冷热货每个直钱七八百，如官中紧寻阙少直钱。此物临养儿子之时，东崖岸跳至中间，生产儿子用蹄戟住，跳在西岸，至使妇人生产快，当老娘多收。

翠毛

脊寅软翠出南番，广州金翅其次间。

紫土二价难升价，行时贵贱临时看。

南番软翠最妙。两片脊寅谓之一合，每十合作一串，六个好四个低。如官中并府第紧买，市中阙少，每合价高，曾卖上三千以上。如无行市，曾卖四百一合。此物寻紧阙少直钱。如要买，托牙人于泉州官员客房中寻买，多用金银钱，会当样呈中看用几百合，将会子取买。此系禁物，密切收买，切不可将此物投卖，恐吃人便宜。广翠稍低，此间亦有土翠、山和尚之属。

卷八

大食栀子

合香栀子出大食，红黄好色最为奇。

黑者蒸喝不中用，贵人不用定无疑。

此物出大食国，除合龙涎香料之外，别无用处。如缺少晒，直钱增长，更看行市缺与不缺增长。红黄色者最好，黑者不中。

蔷薇水

泉客贩到蔷薇露，琉璃瓶贮喷鼻香。

贵人多作刷头水，修合龙涎分外馨。

此水出南番国，如采于早辰蔷薇花上，取之露水，多用葫芦盛贮，到此用琉璃瓶儿盛卖。每瓶直百三二十钱以上，更看临时商量何如。福州王承务亦有蔷薇花蒸造假者。殿阁贵人多作刷头水及修合龙涎花子、数珠、背带之属。盛水葫芦片多作香花子，酒筵烧之。

龙涎香

龙涎花子有多般，此物暗昧子细看。

复古云头并清燕，三朝修合晒当钱。

复古、云头、清燕此三等系高庙、孝宗、光宗在朝合之者。向日杨和王者进御前香花子，上有和王臣名最好。目今街市上有。今时韩太师府修合阅古龙涎花子。街市亦有假者，广州心字香子细看验，亦有假者背带并香花子，如面上白者，非是白璞，多年脑子走在面上最妙。

龙涎

龙涎有似白药煎，鼻嗅之时香又鳢。

墙壁浮石皆相类，合香之时分外馨。

龙涎出南海山岛中，褐色微鳢，于海中面上收得。修合花子、背带之属，须用此物，大能发香，无此合不成。每两价直百千已上。黑色者曾经大鱼吞着。如多年气味不中，多是广泉客人贩到。

脑子

梅花片脑白如霜,大者皆如指面光。

其次粟脑并米脑,价直不等临时看。

脑子广、泉贩到,亦有数等,大如指甲面者其六。米脑、粟脑皆出郴州,沙板内亦有樟脑,亦有假伪脑子。缺少价直,曾卖五十千以上。

沉香

金星膡者最为佳,古膡古城人尽夸。

番沉就中偏不好,照管驼僧与铁滓。

古城古膡、金星沉、膡沉最高,番沉最低,皮片粗黑自别。今时多用密驼僧、铁滓烂捣入在香内。亦有入水银者坠压斤两,切宜子细价直。

笃傉

笃傉大者如手掌,色似鹅脂分外香。

黑者价低不甚好,碎者只宜合底安。

笃傉,泉、广路客贩到,如白胶香相类。如黑笃傉,多是合香使用。此香氤氲不散。

乳香

官员带到滴乳香,承揽发付惹灾殃。

只许场务官自卖,私香法重不可当。

乳香不可私下发付，不可承揽。有人要买，于官场请买。御药院名字乳香不妨。

香印

象牙乌木及花梨，罗升戚顺工最奇。

昔日贵人大钱置，如今可作价钱低。

罗升、戚顺雕者最好，大香印往日使马王并赵彦雕者最好。香印每一套计十个，往日木头者，雕时不下百千，见成有后十分难卖一二。更看官员爱否，临时长价。象牙者别立价例。

邢砂

碾玉邢砂出河北，水晶玛瑙及诸王。

若无此物碾不成，体似潮砂灰扑扑。

此砂出河北邢州，贩到此间，价平每斤直钱四百文。如遭遗漏烧过者亦中，使稍慢。夹新砂使价低。

金钢钻

金钢钻出西忧子，梗似白砂米粒大。

水晶玛瑙用此钻，玉作无时难说话。

此物出西忧国中大山顶上，最人不能到，唯鹰鹘打食在上，同肉食吃在腹中，却于野地粪中偶获得。看大小定价。如不见，于作床下同泥中土，扫在乳钵中，擂之声响者便是。

卷九

礼佛毯

西忱织成礼佛毯，五色毛线染造成。

此物秋冬多人要，牵春滞主不看钱。

此物西夏织成，此间关西子土织锦。羊退毛时用剪羊刀采取，捻线染成杂色，织八六阔狭或独卧。此物自九月至冬节前旺月，每床卖着三十千或二十千，看官员要否，如大八六别作价。直到春深，有十五千胡乱卖了者。贵人有作冬马或座子者。

兜罗绵

兜罗元本出西夏，新旧收藏色要鲜。

紫者价高青者次，白无点污做钱看。

兜罗绵出西夏国，此物纸捻成，稍旧者直钱四五千，紫青色新好者，十贯左侧。

涎滴

此物北地中都有，收藏不蛀迟得朽。

旋螺毛线无两般，高庙在日常常有。

此物北地捻纸织成。高庙在日，忽然寻着，卖好钱。自后有北客贩到极多，不甚直钱。

疋毡

疋毡有如官绢阔，柔搭之时软若绵。

粗者价低细者贵，紫者不下二十千。

疋毡看紧细，紫者价高，青白者价小，毛长松者不甚。

唐绢

内司唐绢街市少，双幅连四价不少。

每个扇面二百文，织作札实丝线好。

画者唐绢，修内司造作。幅半、双幅，有连四阔者，不可依川画价例。丝线厚实紧密，扇面上下有边者，每个二百。街市翻腾轻小唐绢，每个一百文。

古定

古定从来数十样，东京乔位最为良。

近者粉色皆不好，旧者多是不圆全。

古定上脉好，唯京师乔娘子位者最好。底下珠红或碾或烧成乔字者是也。器物底有蛩虎者多好。如有泪痕者，多是绍兴年器物，不甚旧。

青器

汝窑上脉偏滋媚，高丽新窑皆相类。

高庙在日晒直钱，今时押眼看价例。

汝窑土脉滋媚，与高丽器物相类，有鸡爪纹者、认真无纹者尤好。此物出北地新窑修内司，自烧者、自后伪者皆是龙泉烧造者。

器甲

鍮石络缝人马甲，斤两轻者最直钱。

买主紧寻有造化，此物须当禁物看。

器甲惟青茸穿者最好，有绿茸、白茸、紫茸、粉皮穿者，马甲亦有锦犀者，亦有鍮石络缝铁者。惟人甲重二十斤已下最好，如投卖，总管、诸军武官及中贵多买，价直亦有挫杀，斤两重三十斤左侧已上已下难着主。市语呼作鳞子。

红发

猱行毛尾当行重，舊红青黑染鹅黄。

官员要时好价例，旧者买后小商量。

毛牛尾西夏红者，每两官员紧急寻后价直一贯，其余颜色减半，逢着旧者，小价商量。如有人卖红者捉小价于三四百一两收，不比急要上铺价例。

鞍作子

闹装作子五百个，七宝碾成真甚美。

簇三不下八十双，结裹银鞍贵人玩。

玛瑙、水晶、犀玉、间镀金银作子，如闹装五百五十件左侧方全，簇三百六十件左侧方全，如件段以下不全，难着主。如有更教鞍作，商议相度。

御书

高宗宸翰笔法硬,真伪相杂难辨认。

光宗孝武多是真,销金赤者有定论。

御书,杨一郎写者与真无二。有赐名者多真,孝庙、光宗少有假者。如真者,扇面、簌子多是唐绢,青者销金赤,色不淡,图书活相。

书册

书册多般休强名,先观目录定完全。

监本纸白多着主,麻沙应是不直钱。

书册如目录内对得不全,可有人要接得,理会不得,须当与书册学贩先生并卖文字人议论寻主投卖。如条贯同近编者新书,多着主王承宣。

卷十

纸

内司蠲纸成疋者,价直不下一十千。

若论一张直一百,糨纸减半五十钱。

修内司抄成者,成疋无缝,长二丈四五大尺,小者如剳子长短。捣糨成纸低比蠲纸轻薄,近日有卖者。

油烟墨

油烟细墨入手轻，鼻嗅之时分外馨。

轻轻磨动青晕色，偏宜铺放书阁中。

油烟墨入手轻，闻着香，研着青者为妙。

名画

古今名画拈不尽，眼传心记定无差。

好弱之时须看过，不识须当问画人。

古今画人，千百家数，诗内难以括尽，在君心灵记当。不识师，问画人。

漆器

桂浆美看及犀皮，遍欠多番做造迟。

更防市新子细认，螺钿不村看花儿。

桂浆、犀皮市新雕成，用漆罩之，如指甲掐动者不好。及螺钿，先要样范不入角及花儿不村者堪好，此间做看。如中贵内人戴出者，中间恐有丝。街市者，铜丝子、桂浆退红者当钱。

阇婆簟

此簟原本阇婆国，黄白新红黑与绿。

细簟织成软胜绵，堪作夏鞍凉侣玉。

紫簟出阇婆国，每床紧要直钱二十千，秋冬间价低，多作夏鞍使用。颜色藤织成，如棋子布，花儿有黑花者不直钱。

鱼鱿

襄阳带到青鱼鱿，成裹之时论斤秤。

价高当三钱来大，块儿小者价例轻。

鱼鱿多出襄阳府汉阳军，鄂者皆有，大者当三钱大，每斤价平，直钱十五千或已下左侧，碎块儿每斤直钱四五贯。如有冠子铺投卖，每斤有十六七个，若是七八十个者，四百个、五百个者多着主。造冠子大者十六七个，器物用之。

影戏

大小影戏分数等，水晶羊皮五彩装。

自古史记十七代，注语之中子细看。

影戏头样并皮脚，并长五小尺，中样、小样，大小身儿一百六十个。小将三十二替，驾前二替。杂使公二，茶酒、着马马军共计一百二十个，单马、窠石、水、城、船、门、大虫、果卓、椅儿共二百四件，枪、刀四十件。《亡国》、《十八国》、《唐书》、《三国志》、《五代史》、《前后汉》并杂使头一千二百头。

解卖

骨董解卖从他怪，君若爱时人皆爱。

识不与识捉小看，师传便是大常卖。

大凡收买及解典骨董杂物之属，如好物，碾造、雕刻，工巧人相，君自爱，世人都爱。若嫌，是人都嫌。如若好物，多着主。如物不中，谓之三脚猫，去不快。如收买及解典，顺人情不得，只可推不甚识，却不可狂收，只捉常卖心肠商量，更要看背景及时下价已上之物，价直难以括定，更看市色如何。难有定价，权时约法。

收接

物凭匣仗好发付，无匣交割子细看。

划地袖中多疏失，不如休接便心安。

凡收接七宝易脆之物，先子细看验有无破损去处，如有匣仗，抬举美看；如无匣仗，多疏少失。如遇夜间或酒后，切宜子细交割，不如休接为幸。如犀象、沉香之物坚壮不妨。

器物谱

（元）费　著

费著，元末华阳（今四川成都）人。尝举进士，授国子监助教，官至重庆府总管。著有《岁华纪丽谱》一卷、《笺纸谱》一卷、《蜀锦谱》一卷等。

《器物谱》主要介绍了作者所见的玉璧、玉印，钟鼎铁器，不少都是唐前古物，颇有价值。尤其是谱中描摹了当时的一些古文奇字，这些字形和常见的篆文、金文不同，而和薛季宣《书古文训》中的引录的古文奇字十分相似。这类奇字有学者认为原出于魏晋人杜撰，其后陆德明、颜师古等曾有引录。到了北宋，备受学者重视，认为是先秦的古文，宋敏求、郭忠恕等都大力搜集。此外，《器物谱》中还详细记录了崇宁元年五月，严真观中出土九件铜器的事件，是难得的史料。总之，虽然这本谱录的篇幅不大，但是其文献价值却是不小。因本书多采录宋人资料而成，故其中颇有宋人习语如名物用语，职官、行政区划的称呼等，由此今日也有学者认为本书乃是宋人著作。

本次整理以明嘉靖《全蜀艺文志》本为底本，参校以《四库全书》本。

玉璧、玉印各一，印文似"成信"字，雍州兵于成都县获之。卫瓘依周成王归禾之义，以上之相国府。魏咸熙元年，于是司马氏宣示百官，仍藏之府。公孙述起成都，自号"成家"。二玉之文，殆述作也。

淳于，古礼器也，广汉什邡人段祖以献之益州刺史、始兴王萧鉴。高三尺六寸六分，围三尺四寸。圆如筩，铜色如漆，甚薄。上有铜马，以绳贯马，令去地尺余，灌之以水。又以器盛水于下，以芒茎当心，跪注淳于，以手振芒，则声如雷，清响良久乃绝，古所以节乐。

古铁鉴一。王宗寿，字永年，建族子，得之江源，下有篆文十二字。宗寿览照，见一青衣小儿坐酒楼上，试令人访之，青衣随至，谓宗寿曰："何以知我？"宗寿以实对。青衣曰："吾失此百年矣！知在公处，故此盘桓，公其还我。"宗寿出而与之，青衣剖腹纳，长揖而去。宗寿有辟谷吐纳之术，或谓得之青衣。今载其篆文云：

龙宫宝藏，神和子铸，永年万岁。

铜印一。广政十四年冬十月十五日，彭山县副将头杨富获于江岸。印有六面,方各寸许,皆有篆文。两面共通一窍,窍中三虚一实,其直可贯,其圆有规。六面篆文共八十,二十分夹其窍,六十均在四旁,各成文章。印过雕镂,有窍面各一十字,无窍面各十五字。以印进上,严筑作《瑞篆记》。今载其篆文于左:

一面:"天国老君生万民治中国外国人和玺。"凡十五字。

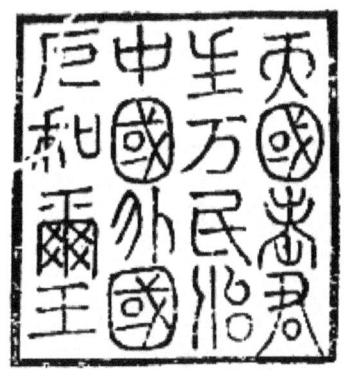

其相对一面云:"老君授生辅天下国安平受道人长生。"凡十五字。

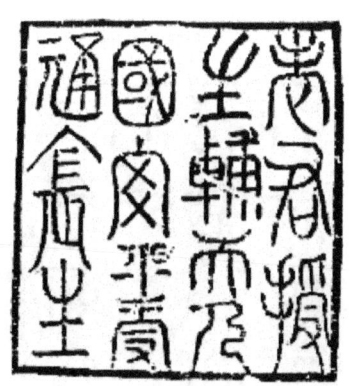

又一面:"虚无自然明日月辰星光。"凡十字。

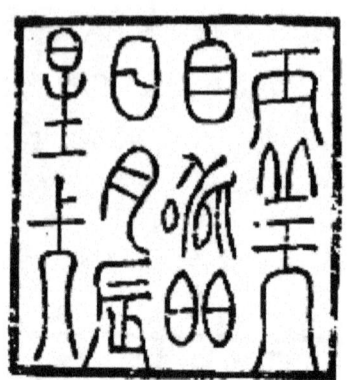

其相对一面云:"玄女致和气玉女致天医。"凡十字。

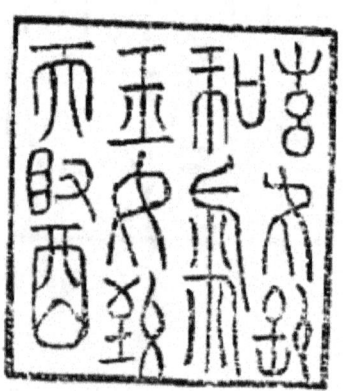

又一面:"上国仙师天师老君道成明天地政玺。"凡十五字。

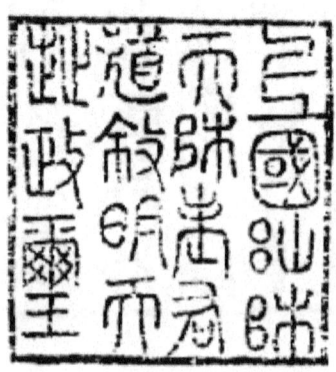

其相对一面云:"上召吾拜无为大昊通天下治气同玺。"凡十五字。

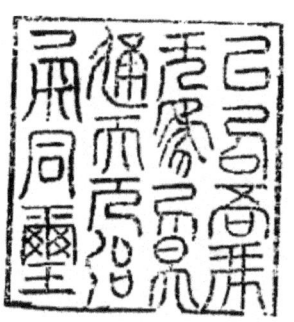

古器九。崇宁元年,知府王公古修筑严真观,五月于观之西南隅,凡二日得之。丁卯,得鼎二、甗一、缶一。鼎有明水,甗有丹砂。越三日,又得甗一、缶一、虺鼎一。鼎有篆文,可考。又器一,如鼎而无文。又一,如甗而小异。又五铢钱千。共得器凡九。小大异形,制作奇古,非世所常有,因刻其名物于石。开封张裕为记。刻石具在,九器则归诸天府矣。今摹置左方:

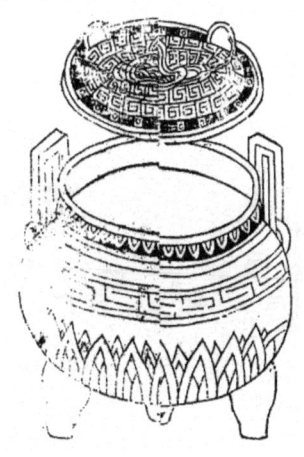

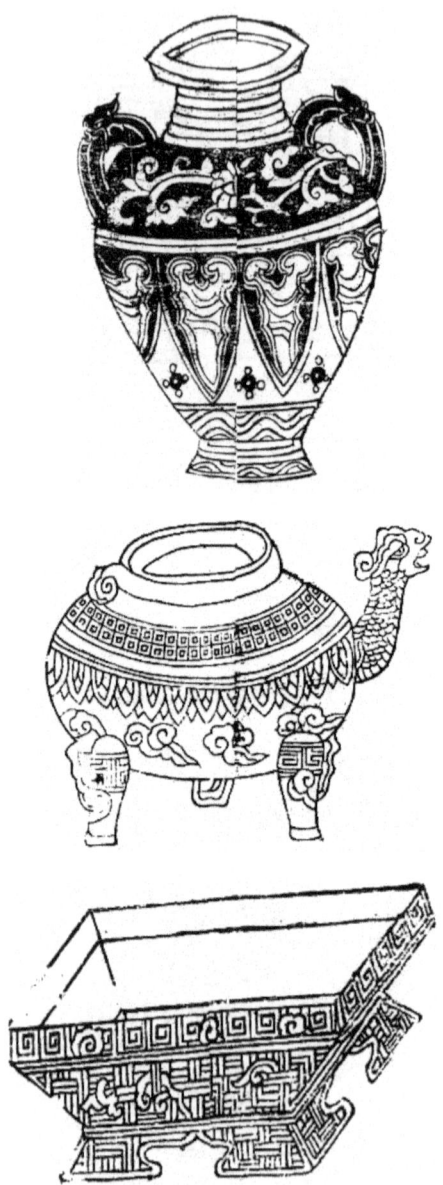

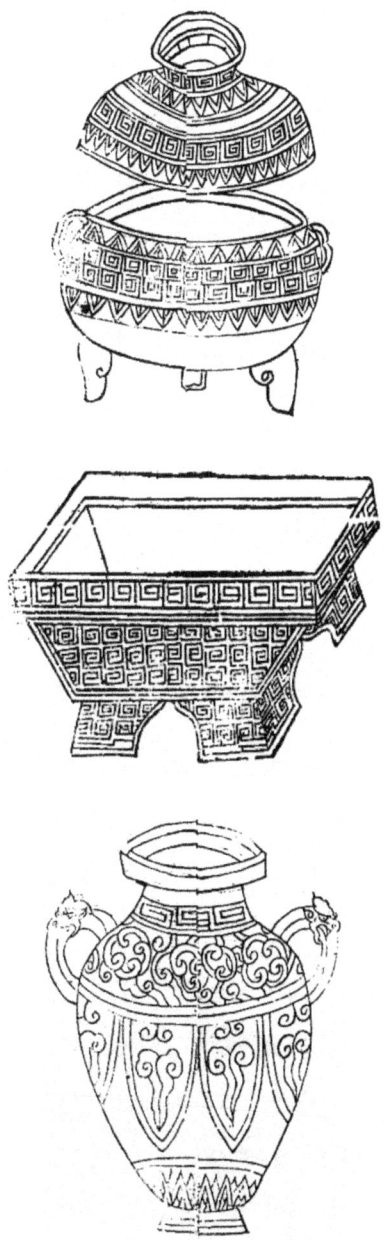

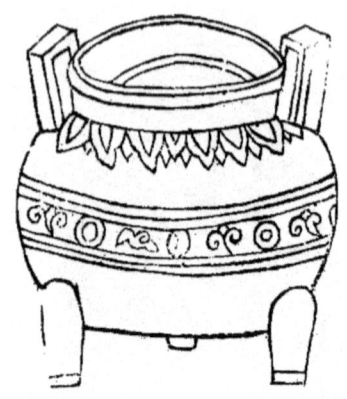

　　小金印一。建炎初，卢公法原修治罗城，役夫得之以献。公因会乡老出而薄观，有识其文者曰"汉破虏羌侯"五字。字分作三行，"汉"字居其一。公以印寄帑。绍兴十年，胡公世将捷于剡家湾，张公寿一因取送胡公。按：汉土德，故印章以五成。此先汉时物，但不知封侯者为何人。又"虏羌"二字连称，亦史册所未有，疑不能明也。

　　唐铁券二。昭宗以赐陈敬瑄、田令孜也。券形方如半甑，纵长尺余，横广不及二尺，以金为字。今在军资库，但金已剥落无余，字益漫灭，间有不可识者。敬瑄以中和三年十月受赐，令孜以四年十一月受赐，僖宗犹在成都。明年僖宗还京师。后此八年，当景福六年四月，二人俱为王建所杀，据《新唐书》盖同日死。令孜与敬瑄实斲丧唐室，何功之有焉？虽冒受此券，卒不可用，天道果昭昭乎！券字益就漫灭可惜，录其概，左方：

　　敬瑄券文："承旨乐，明龟作。"唐末之号令，文章其气象类如此也。其略曰："烹巨鳌者鼎大于沧海，斩长鲸者剑倚于青天。既立异勋，克膺殊宠。李晟免其十死，子仪成其九功。镇以金镛，赐其铁券。后来继者，岂在他人。"又曰："致朕身安，由卿忠荩。前封公爵，后锡郡王。询于众情，未惬群望。今赐卿铁券，舍卿十死。"瑄铁券官宰臣姓名，漫灭不可复识。

田令孜铁券文，其略曰："人臣之绩，古今莫俦。爵位不足以答元勋，竹帛不足以纪大节。式遵盛典，用表殊庸。宣赐骆谷扈从定难、中兴社稷功臣，仍恕十死。"宰臣裴澈。

敬瑄、令孜与建罪等耳，敬瑄、令孜幸而不成，是以建独曰"叛"。方中和褒敬瑄功时，曰子仪、曰晟，不得专美于前。令孜又自有宦者来，无此荣也。识者谓墓石犹砢石尔，无用也。铁券其不类是乎？使无一卷史书，君子何无恃哉！

蜀锦谱

（元）费 著

费著，参见上《器物谱》条。

《蜀锦谱》一卷，主要讲述了宋代成都锦院的建立、沿革，规模、职能，并列举各色蜀锦名目。对蜀锦研究具有重要的参考价值。

本次整理以明嘉靖《全蜀艺文志》本为底本，参校以《四库全书》本。

蜀以锦擅名天下，故城名以锦官，江名以濯锦，而《蜀都赋》云："贝锦斐成，濯色江波。"《游蜀记》云："成都有九璧村出美锦，岁充贡。"宋朝岁输上供等锦帛，转运司给其费而府掌其事。元丰六年，吕汲公大防始建锦院于府治之东，募军匠五百人织造，置官以莅之，创楼于前，以为积藏待发之所，榜曰锦官。公又为之记，其略云："设机百五十四，日用挽综之工百六十四，用杼之工五十四，练染之工十一，纺绎之工百一十，而后足役。岁费丝，权以两者一十二万五千。红蓝紫苏之类，以斤者二十一万一千，而后足用。织室、吏舍、出纳之府为屋百一十七间，而后足居。"自今考之，当时所织之锦其别有四，曰上贡锦，曰官告锦，曰臣僚袄子锦，曰广西锦，总为六百九十疋而已。

渡江以后，外攘之务，十倍承平。建炎三年，都大茶马司始织造锦绫被褥，折支黎州等处马价，自是私贩之禁兴。又以应天、北禅、鹿苑寺三处，置场织造。其锦自真红被褥而下凡十余品，于是中国织纹之工，转而衣衫椎髻鴃舌之人矣。乾道四年，又以三场散漫，遂即旧廉访司洁己堂创锦院，悉聚机户其中，犹恐私贩不能尽禁也。则倚宣抚之力建请于朝，并府治锦院为一，俾所隶工匠，各以色额织造。盖马政既重，则织造益多，费用益伙，提防益密，其势然也。今取承平时锦院，与今茶马司锦院所织锦名色著于篇，俾来者各以时考之。

转运司锦院织锦名色。即成都府锦院。

上贡锦三疋花样：

八答晕锦。

官告锦四百疋花样：

盘毬锦、簇四金雕锦、葵花锦、八答晕锦、六答晕锦、翠池狮子锦、天下乐锦、云雁锦。

臣僚袄子锦八十七疋花样：

簇四金雕锦、八答晕锦、天下乐锦。

广西锦二百疋花样：

真红锦一百疋。

大窠狮子锦、大窠马大毬锦、双窠云雁锦、宜男百花锦。

青绿锦一百疋。

宜男百花锦、青绿云雁锦。

茶马司锦院织锦名色。《茶马司须知》云：逐年随蕃蛮中到马数多寡，以用折傅，别无一定之数。

黎州：

皂大被、绯大被、皂中被、绯中被、四色中被、七八行锦、玛瑙锦。

叙州：

真红大被褥、真红双连椅背、真红单椅背。

南平军：

真红大被褥、真红双窠锦、皂大被褥、青大被褥。

文州：

犒设红锦。

细色锦名色：

青绿瑞草云鹤锦、青绿如意牡丹锦、真红宜男百花锦、真红穿花凤锦、真红雪花球露锦、真红樱桃锦、真红水林檎锦、秦州细法真红锦、鹅黄水林檎锦、秦州中法真红锦、紫皂段子、秦州粗法真红锦、真红天马锦、真红湖州大百花孔雀锦、真红飞鱼锦、四色湖州百花孔雀锦、真红聚八仙锦、二色湖州大百花孔雀锦、真红六金鱼锦。

图书在版编目(CIP)数据

百宝总珍集：外四种/(宋)佚名等著；李音翰、朱学博整理校点. —上海：上海书店出版社，2015.7
（宋元谱录丛编/顾宏义主编）
ISBN 978-7-5458-1068-4

Ⅰ.①百… Ⅱ.①佚…②李…③朱… Ⅲ.①文物—介绍—中国—宋元时期 Ⅳ.①K871.44

中国版本图书馆 CIP 数据核字(2015)第 131275 号

责任编辑　顾　佳
技术编辑　丁　多
装帧设计　郦书径

百宝总珍集（外四种）
[宋]佚名 等 著
李音翰、朱学博 整理校点

出　版	上海世纪出版股份有限公司上海书店出版社
	（200001　上海福建中路193号　www.ewen.co）
发　行	中国图书进出口上海公司

版　次　2015年7月第1版

ISBN 978-7-5458-1068-4/K·182

www.ingramcontent.com/pod-product-compliance
Lightning Source LLC
Chambersburg PA
CBHW070308230526
45470CB00002B/775